L'ÉVEIL
DE LA SOCIÉTÉ

DU MÊME AUTEUR

Aux Arènes

L'Éveil des sens, 2014.
Méditer. 108 leçons de pleine conscience, 2014.
Reconquérir le moment présent… et votre vie, 2014.
L'esprit est son propre médecin, avec Richard Davidson, 2014.
Apaiser la douleur avec la méditation, 2016.
Être parent en pleine conscience, avec Myla Kabat-Zinn, 2019 (nouvelle édition d'*À chaque jour ses prodiges*, 2012).

Chez d'autres éditeurs

Au cœur de la tourmente, la pleine conscience, De Boeck, 2016.
Où tu vas tu es, JC Lattès, 2012.

Ouvrage publié sous la direction de Catherine Meyer.

Titre original : *Mindfulness for All. The Wisdom to Transform the World.*

Les Arènes,
17-19, rue Visconti, 75006 Paris
Tél. : 01 42 17 47 80
arenes@arenes.fr
www.arenes.fr

Jon Kabat-Zinn

L'ÉVEIL DE LA SOCIÉTÉ

La révolution de la méditation

Traduit de l'anglais (États-Unis)
par Olivier Colette

les arènes

à Myla,
Joaquim, Stella, Asa et Toby
à Will et Teresa
à Naushon
à Serena
à la mémoire de Sally et Elvin,
Howie et Roz

à tous ceux qui prennent soin

du possible

de ce qui est

de la sagesse

de la clarté

de la bienveillance

de l'amour

Note à l'attention du lecteur français

Ma relation avec la culture française est d'autant plus personnelle que j'ai été élève au lycée Henri-IV, à Paris, en 1959-1960, quand j'avais quinze ans. En plus d'être fondamentale pour moi, cette année en France a marqué un tournant dans ma vie. Elle m'a ouvert l'esprit et le cœur à un monde nouveau, orthogonal à de nombreux égards par rapport à la culture de mon propre pays. Cette connexion n'a fait que se renforcer avec le temps.

Quelques années plus tard, la découverte des pratiques méditatives bouddhistes, à commencer par la tradition Zen/Chan, a confirmé le sentiment que le domaine de l'esprit et du cœur était vaste, voire illimité, et qu'il était important d'exploiter les énergies de cet univers de l'expérience personnelle par une pratique régulière. J'ai commencé à méditer en 1965, à l'époque où j'étais étudiant en biologie moléculaire au Massachusetts Institute of Technology (MIT) et je n'ai jamais cessé depuis. Notez cependant que le terme « méditation », au sens où je l'entends, désigne non seulement la pratique formelle dans laquelle on s'engage avec une grande discipline (comme je l'ai décrit en détail dans *L'Éveil des sens*), mais aussi une façon d'être, et une histoire d'amour avec ce qu'il y a de plus profond et de meilleur dans les êtres humains que nous sommes, incarnés dans cet instant présent appelé « maintenant ». La vraie méditation de pleine conscience est une manière de nous relier à notre vie moment après moment après moment, peu importe ce qui survient à l'intérieur ou à l'extérieur, que ce soit agréable, désagréable ou neutre. La vie même est à la fois le programme et la pratique méditative, qui nous invite à examiner la nature de cette relation par le biais de la pure conscience et d'une investigation sincère et éthique de ce que signifie réellement être humain.

Dans ce livre, je tente de partager avec vous mon amour de la pleine conscience et son immense potentiel de guérison et de transformation tout en vous rappelant ce que vous savez probablement déjà et que vous pressentez par intermittence depuis très longtemps – que le monde est déjà différent dès lors que vous vous alignez avec ce qu'il y a de plus profond et de meilleur en vous. Pour votre esprit pensant, cette différence peut sembler modeste, voire infinitésimale et parfaitement négligeable, mais il n'en est rien. Elle est même cruciale. Pourquoi ? Parce que vous vous éveillez dans une certaine mesure. Et que cet éveil est profondément sain et curatif. Puisque vous êtes une des « cellules » essentielles du corps politique, votre éveil fait une différence. Il est inévitablement *engagé*, au sens où l'entend Jean-Paul Sartre, *incarné* et *enacté* pour reprendre les termes de Francisco Varela, inspirés de la phénoménologie de Maurice Merleau-Ponty. Il n'est pas non plus inaccessible ou élitiste, mais au contraire infiniment disponible pour chacun de nous, à tout moment, dès lors que nous investissons l'instant présent, que nous prêtons attention à travers tous nos sens, qui sont bien plus de cinq, dont l'esprit, et que nous apprenons à habiter le domaine de la conscience même, ancrés dans le corps. Plus nous serons nombreux à nous consacrer à notre éveil, chacun à sa mesure, par la pratique de la pleine conscience, hors du temps, mais aussi en grande partie dans le temps, plus le corps politique de nos pays individuels et le plus vaste corps de la planète même parviendront à optimiser ce qu'il y a de plus profond et de meilleur dans notre espèce, nos sociétés et nos cultures, et à minimiser ces éléments d'ombre qui nous font succomber à la violence inhérente à l'avidité, à l'aversion et à l'illusion et perdre contact avec la beauté de la vie humaine sur cette planète unique et fragile – notre demeure au sein d'un univers aussi vaste que vide.

En France, la pleine conscience s'épanouit sous de multiples formes, à la fois classiques, au sein des nombreuses communautés bouddhistes qui ont éclos au cours des deux dernières décennies ou plus, et laïques, grâce à des programmes cliniques et des recherches menés dans différents établissements universitaires et hospitaliers, ainsi qu'à l'Assemblée nationale. La pratique de la pleine conscience et ses applications potentielles fleurissent également en Belgique, en Suisse et dans les communautés francophones d'autres pays, y compris en Afrique. L'Association pour le développement de la mindfulness (ADM), basée à Paris, est une ressource majeure dans le monde francophone.

En 2009, quand *L'Éveil des sens* a été publié pour la première fois en France, nous avons décidé de ne pas inclure les deux dernières parties du livre original, qui traitaient de politique et de société. Le livre était déjà suffisamment volumineux sans ces chapitres.

En 2020, le monde dans lequel nous vivons est différent – pour de multiples raisons, dont la récente pandémie de Covid-19, qui a indéniablement révélé nos vulnérabilités biologiques et l'importance pour une société de savoir répondre efficacement à ce genre de défis de manière rapide et intelligente. Ce à quoi notre planète et notre espèce sont confrontées aujourd'hui est bien plus grave qu'il y a dix ans. Notre interconnexion et nos préoccupations communes sont bien plus évidentes, de même que notre vulnérabilité à des virus d'un genre nouveau – comme le piratage informatique, la cyberguerre et la contamination des réseaux sociaux par des trolls, sans parler de la destruction inconsciente des écosystèmes planétaires qui maintiennent la vie et la société dans des limites tolérables, et les questions systémiques d'injustice raciale et économique. D'autres besoins sont également évidents, comme accepter notre histoire, ses aspects exaltants mais aussi moins dignes, et laisser ce qu'il y a de plus profond et de meilleur en nous s'épanouir tout en acceptant et en métabolisant la part d'ombre de cet héritage à l'origine de torts inimaginables – dont la déshumanisation et l'asservissement de nos congénères au nom de profits financiers. Le champ des possibles qui s'offre à nous, à condition que nous nous éveillions en tant que société et monde, est le sujet de ce volume. Il met en lumière le potentiel d'une véritable renaissance mondiale, si tant est que nous parvenions à nous éveiller à notre vraie nature d'êtres miraculeux évoluant au sein d'un univers aux multiples interconnexions.

Il est à noter que l'intégralité du livre original en huit parties a été révisée, mise à jour et rééditée en quatre volumes entre 2018 et 2019. Le présent volume, qui s'attaque aux défis auxquels nous faisons face à cet instant précis de notre histoire, est donc, à mon sens, aussi pertinent, sinon davantage, qu'à l'époque où il a été écrit pour la première fois. Aujourd'hui plus que jamais, nous devons « tous nous retrousser les manches sur le vaisseau terrestre », pour reprendre l'image prémonitoire de Buckminster Fuller. J'ajouterais que la contribution potentielle, souhaitable et effective de la culture francophone, dans sa myriade de formes et de lieux, peut être extrêmement bénéfique pour le monde.

Je nourris l'espoir que ce livre contribue de manière modeste mais non négligeable à un profond épanouissement de l'humanité à l'heure où nous sommes tous confrontés à un véritable défi : nous éveiller au nom qui désigne notre espèce, *Homo sapiens sapiens*, l'espèce consciente et consciente d'être consciente, ou sombrer dans un état de plus en plus dystopique annonciateur de ténèbres alors que ce dont nous avons le plus besoin en tant que planète et espèce est l'illumination, l'intégrité et l'inclusivité – ce que permet précisément la pleine conscience, qui n'est en rien séparée de la compassion, de la sagesse ou de l'action au service de la transformation et de la guérison face à l'injustice institutionnalisée sous toutes ses formes.

Jon Kabat-Zinn
Northampton, Massachusetts
18 juin 2020

Avant-propos

L'éveil de la société ! Par la méditation !

Quelle idée folle.

Mais pourquoi pas, après tout ? Surtout à notre époque, où le stress sévit de mille et une manières, à la fois individuelles et collectives, intérieures et extérieures.

Quant à transformer le monde par la sagesse, en quoi serait-ce illusoire ? Cette sagesse est un potentiel pleinement partagé, présent en chacun de nous, en proportion modeste mais, comme j'espère l'illustrer, nullement négligeable. Elle se cultive par la pleine conscience, de petite et grande manière. J'ai eu le privilège de la voir éclore et fleurir dans de nombreux domaines au cours des quatre dernières décennies. Aujourd'hui, cette sagesse bourgeonnante s'étend à travers le monde, de plus en plus forte et plus que jamais indispensable.

L'impact de la conscience méditative sur l'évolution de l'humanité

Si les êtres humains que nous sommes sont appelés à mieux se connaître au fil de l'évolution – et par conséquent à incarner chaque jour un peu plus le nom qu'ils ont donné à leur espèce[1] –

1. *Homo sapiens sapiens* : l'espèce consciente qui sait qu'elle est consciente, du latin *sapere*, « goûter » ou « savoir ».

tout en évitant de se détruire ou de générer d'autres cauchemars dystopiques en plus de ceux qu'ils sont déjà parvenus à créer, il est urgent que nous assumions un tout autre niveau de responsabilité envers nous-mêmes, notre esprit, nos sociétés et notre planète. Sinon, comme nous l'enseigne l'histoire, nous pourrions tous contribuer, volontairement ou non, par d'infimes voies qui pourraient se révéler moins infimes qu'il n'y paraît, à créer un monde extrêmement malsain et toxique où personne ne serait heureux de vivre. Peut-être s'agit-il d'ailleurs du sujet le plus sous-estimé du millénaire. Le mal-être qui prévaut dans l'humanité se révèle de plus en plus à nos yeux. Et bien qu'il soit de plus en plus difficile à ignorer, nous persistons dans notre aveuglement, individuellement et collectivement, à nos risques et périls.

Par conséquent, inviter chacun de nous à cultiver la pleine conscience et à se montrer plus sage dans sa manière de se comporter et de prendre soin du monde ne s'apparente guère à du racolage ou à un vœu pieux. Il se pourrait que ce soit *un*, voire *l'*ingrédient essentiel de notre survie, de notre santé et de notre développement à court et à long terme en tant qu'espèce. Mais, pour être à la hauteur de ce vaste défi, la pleine conscience à laquelle je fais référence doit être authentique, ancrée dans un dharma[2] universel, où la sagesse et la compassion sont nourries et cultivées. Au sens où je l'entends, la pleine conscience est une façon de voir et d'être dont l'histoire sur cette planète est très ancienne. Elle connaît aussi un véritable essor à l'heure actuelle, pénétrant de diverses manières les courants dominants d'un grand nombre de sociétés et de cultures. Par définition, l'approche que

2. Si le mot dharma ne vous est pas familier, voir *L'Éveil des sens*, « La méditation n'est pas ce que vous croyez », Paris, Les Arènes, 2014.

je préconise doit être – et est – ancrée à tous les niveaux dans la sagesse et l'action éthiques, incarnées, appliquées et en définitive désintéressées. On pourrait considérer la pleine conscience comme une des branches de la tradition des sagesses humaines. Si ses racines les plus articulées plongent au cœur même du bouddhisme, son essence est universelle et s'exprime d'une manière ou d'une autre dans toutes les cultures et traditions humaines.

De mon point de vue, l'adoption et la pratique de plus en plus répandues de la méditation de pleine conscience dans nos vies individuelles et professionnelles, et sa mise en œuvre délibérée moment après moment et jour après jour dans notre façon d'aborder le monde où nous vivons pourraient générer un bien-être, une sérénité et une clarté authentiques au sein des peuples, des cultures et des aspirations éminemment variés qui coexistent sur la planète. La pleine conscience a quelque chose à offrir à chacun d'entre nous, que ce soit à l'échelle individuelle ou à celle de la communauté humaine mondiale. Je ne pense pas que la nécessité de réaliser – au sens de « rendre réel » – de multiples manières son potentiel de transformation fasse encore débat à ce stade critique du développement de notre espèce, nichée dans sa demeure planétaire bien plus fragile que nous ne le pensions encore récemment.

Parmi les nombreux éléments qui indiquent que la pleine conscience pénètre et influence de manière globale les courants dominants de la société, citons le tout dernier chapitre de l'ouvrage de l'historien Yuval Noah Harari, *21 leçons pour le XXIe siècle*, consacré à la méditation de pleine conscience. L'auteur y révèle que depuis une retraite de dix jours à laquelle il a participé en l'an 2000, il médite quotidiennement, en plus de participer chaque année à une session de méditation silencieuse intensive d'un à deux mois (sans livres ni réseaux sociaux)[3]. À elle seule, cette information en dit long. Après avoir consacré deux volumes, remarquablement grand public, profonds, provocateurs et intelligents, à l'histoire de la condition humaine[4] et aux défis, parfois terrifiants, auxquels notre espèce sera confrontée dans un très proche avenir[5], son livre le plus récent, également un best-seller, distille à partir de cette vaste enquête savante vingt et une leçons essentielles pour le présent. Je trouve à la fois très révélateur et gratifiant que tous les fils du passé que Yuval Noah Harari tisse avec tant d'habileté pour révéler les gigantesques défis auxquels notre espèce est confrontée aujourd'hui l'incitent à adopter explicitement la pratique rigoureuse de la pleine conscience dans sa propre vie et à la désigner comme un élément improbable, mais peut-être essentiel, si, en tant qu'espèce, nous voulons poursuivre notre chemin en relevant les défis engendrés par les nouvelles technologies d'information et les biotechnologies, qu'il décrit avec des détails minutieux et interpellants.

Le 9 septembre 2018, alors que *21 leçons pour le xxie siècle* faisait la une du supplément littéraire du *New York Times,* un article de Bill Gates intitulé « Penser grand[6] » (car Harari, à travers son

3. https://fr.wikipedia.org/wiki/Yuval_Noah_Harari.

4. Yuval Noah Harari, *Sapiens. Une brève histoire de l'humanité*, Paris, Albin Michel, 2015.

5. Yuval Noah Harari, *Homo Deus. Une brève histoire du futur*, Paris, Albin Michel, 2017.

6. C'est ironique dans la mesure où la pleine conscience est à la fois bien plus vaste que la pensée et orthogonale par rapport à celle-ci. Conscience et pensée ne s'excluent bien évidemment pas et, lorsqu'elles sont comprises correctement, peuvent se compléter et s'aider considérablement. Dans ce contexte, « orthogonal » signifie que la conscience, ou pleine conscience, constitue un domaine ou une dimension propre, qui est liée à la pensée tout en étant capable d'offrir un autre point de vue

travail d'historien, se révèle avant tout un penseur synthétique, profond et créatif) interpellait ainsi le lecteur :

> Selon Harari, que devrions-nous faire face à tout cela [les grands défis auxquels nous sommes confrontés en tant qu'espèce] ? Ici et là apparaissent quelques conseils pratiques, dont une stratégie en trois points pour lutter contre le terrorisme et quelques conseils pour gérer les *fake news*. Mais sa grande idée tient en un mot : méditer. Évidemment, il ne suggère pas que les problèmes du monde disparaîtront dès lors que nous serons suffisamment nombreux à nous asseoir en lotus et à psalmodier *Om*. Mais il insiste sur le fait que la vie au XXIe siècle a besoin de pleine conscience – apprendre à mieux nous connaître et voir de quelle façon nous contribuons à la souffrance dans notre propre vie. On peut en rire, mais moi qui ai pris des cours de pleine conscience et de méditation, j'ai trouvé cela convaincant.

Cette déclaration est plutôt remarquable, surtout de la part de Bill Gates, qui semble comprendre le pouvoir de la pleine conscience de l'intérieur.

*

Si je devais résumer le message fondamental de ce livre, je dirais qu'avant que nous ne renoncions à notre humanité face à ce qui se profile très probablement à l'horizon, à savoir l'intelligence artificielle, les robots, la perspective d'êtres humains

---

à partir duquel contempler celle-ci. Voir *L'Éveil des sens* pour plus d'informations sur l'orthogonalité.

numériquement, voire biologiquement « améliorés » et bien plus encore, comme le décrit en détail Harari, nous ferions bien d'explorer en profondeur ce que signifie être pleinement humain, et par conséquent, plus incarné et plus éveillé. À l'image de *L'Éveil des sens*, c'est tout à la fois le plaidoyer et le défi de ce livre. Mais il nous invite à un engagement très personnel, au sens où chacun de nous a la responsabilité, pas seulement envers soi-même mais envers le monde entier, d'effectuer son propre travail intérieur et extérieur en cultivant régulièrement la pleine conscience – comme pratique méditative et comme façon d'être – et, par conséquent, d'en venir à reconnaître et à habiter du mieux possible toutes les dimensions de son être et son éventail de potentiels, ici même et à cet instant même.

Puisque certains éléments de la perspective dharmique universelle à laquelle je me réfère traversent des courants de sagesse au sein de toutes les cultures humaines, la pleine conscience, par nature inclusive, peut lever les obstacles à la communication et rassembler autour d'un objectif commun plutôt que promouvoir la division. Il n'existe ni bonne manière de la cultiver, ni catéchisme, ni système de croyance à adopter. En outre, cette voie de sagesse émergente continue d'évoluer à travers chacun de nous et la façon dont nous choisissons de mener notre vie et de gérer les défis et les opportunités bien réels auxquels nous sommes confrontés. Elle reflète ce qu'il y a toujours eu de plus profond et de meilleur chez les êtres humains, au-delà de leur diversité et de leurs points communs.

Se lier d'amitié avec son corps et son esprit : une pratique méditative universelle

Bien entendu, la sagesse dont nous parlons doit être ancrée dans une *pratique* continue, c'est-à-dire qui la nourrit, la développe et l'approfondit. Car la pleine conscience n'est pas la pleine conscience si elle n'est pas *vécue*. C'est-à-dire *incarnée*. Ceux d'entre nous qui l'abordent ainsi font de leur mieux – sans y voir un idéal, mais une façon d'être continue et en perpétuel déploiement.

Pourquoi ?

Parce que la pleine conscience n'est pas simplement une bonne idée, une belle philosophie, un système de croyances ou un catéchisme. C'est une pratique méditative rigoureuse applicable de manière universelle – car la conscience même pourrait être considérée comme l'ultime voie commune de notre humanité, au-delà des différences culturelles. En définitive, la pleine conscience est réellement une façon d'être – une façon d'être en relation avec l'expérience. De par sa nature même, elle exige de chaque individu qui souhaite vivre sa vie pleinement et librement, mais également des communautés et des sociétés épanouissantes et solidaires, une pratique et un soutien continus. Tout comme un musicien doit régulièrement accorder et réaccorder son instrument avant et parfois même pendant une représentation, la pratique de la pleine conscience peut être considérée comme une sorte de réglage de l'attention et de la façon dont on choisit de se relier à l'expérience – à toutes les expériences, quelles qu'elles soient. Peu importe que vous soyez un musicien accompli ou non. Vous devez accorder votre instrument régulièrement. Et plus on est accompli, plus la pratique est nécessaire. C'est un cercle vertueux.

Même les plus grands musiciens s'entraînent. En réalité, ils s'entraînent probablement plus que quiconque. Toutefois, avec la pleine conscience, il n'y a pas de séparation entre « répétition » et « représentation ». Pourquoi ? Parce qu'il n'y a ni représentation ni répétition. Il n'y a que l'instant présent. Rien d'autre. On n'« améliore » pas sa conscience. Ce que la pratique de la pleine conscience permet de cultiver, c'est un meilleur *accès* et une plus grande intimité avec notre capacité à être conscient et l'aptitude à nous établir dans ce domaine de l'être, à en faire notre « mode par défaut », si l'on peut dire, celui dont vont jaillir tous nos actes.

Plusieurs portes mais une seule pièce : la diversité et l'inclusion sont primordiales

La pratique et l'expression plus vaste de la pleine conscience dans le monde doivent être aussi variées que les communautés qui la préconisent, l'adoptent, l'incarnent et en bénéficient – chacune à sa manière, tout comme la musique jouée et appréciée par la grande famille de l'humanité est profondément variée –, un véritable univers d'expression et de connexion vécues.

En même temps, vous pourriez me demander si je suis préoccupé par l'engouement parfois excessif que suscite la pleine conscience dans le monde aujourd'hui et la tendance de certaines personnes à s'autoproclamer « instructeurs de pleine conscience » bien qu'elles aient peu d'ancrage, pour ne pas dire aucun, dans une pratique et une étude rigoureuses. Bien évidemment, la réponse est oui. Le titre de ce livre pourrait-il contribuer à ce phénomène ? J'espère bien que non. Depuis plusieurs décennies, je m'applique à intégrer la pleine conscience aux courants dominants du monde entier sans être infidèle à ses racines dharmiques, sans la dénaturer ou la déprécier, car mon expérience personnelle (aussi limitée soit-elle puisque je ne suis qu'un seul être) m'a convaincu de son potentiel profondément curatif et transformateur, de son applicabilité étendue et, comme l'ont montré maintes études, de sa contribution à la santé et au bien-être, quel que soit le sens que l'on attribue à ces termes. Et l'analyse scientifique de la pleine conscience, bien qu'elle soit encore balbutiante – mais beaucoup moins qu'il y a vingt ans –, montre qu'au-delà de la MBSR (réduction du stress basée sur la pleine conscience) et de la MBCT (thérapie cognitive basée sur la pleine conscience) en médecine et en psychologie clinique, il existe de nombreuses applications de la pleine conscience dans des domaines aussi variés que l'enseignement, la justice, l'entreprise, le sport, la cohésion sociale et même la politique.

Quand j'évoque « l'éveil de la société », est-ce que je suggère que tout le monde va subitement adopter ou développer à terme une pratique méditative à la fois rigoureuse et significative sur le plan personnel ? Non. Bien sûr que non. Pourtant, bien que cette idée ait semblé très improbable en 1979, à l'époque où la MBSR a été développée dans la Clinique de réduction du stress au Centre médical de l'université du Massachusetts, aujourd'hui, dans le monde entier, de plus en plus de gens, issus de communautés de plus en plus diverses et divergentes, intègrent bel et bien, à un degré ou à un autre, une pratique méditative cohérente et régulière à leur vie, qu'il s'agisse de réfugiés du Soudan du Sud ou de pompiers de l'Office des forêts américains, d'élèves d'établissements publics inscrits à des programmes reconnus dans les quartiers défavorisés de Baltimore, d'agents de police, de personnes participant spontanément à des séances de méditation publiques hebdomadaires offertes par le Centre de recherches sur la pleine conscience de l'université de Californie à Los Angeles ou de patients inscrits à des programmes de pleine conscience financés par la Medical Society de Shanghai, sans parler des programmes affiliés du Centre pour la pleine conscience en médecine, dans les soins de santé et dans la société, du réseau bien plus vaste d'instructeurs et de formateurs d'instructeurs en MBSR des centres universitaires et hospitaliers, ou encore des programmes indépendants à travers le monde. La pleine conscience s'enracine dans tous les continents à l'exception peut-être de l'Antarctique : en Amérique du Nord, en Europe, en Afrique, en Asie et en Amérique latine.

Mais si, par cette expression, « l'éveil de la société », vous vous demandez si je pense que nous gagnerions tous – en notre qualité d'êtres humains uniques, jeunes et vieux, qui que nous soyons, quoi que nous fassions, quels que soient nos opinions, notre passé et notre héritage, quels que soient les groupes auxquels nous nous identifions ou appartenons (religieux, spirituels ou philosophiques, laïques ou sacrés, de droite ou de gauche, pessimistes ou optimistes, cyniques ou généreux) – à être plus conscients, pour reprendre les termes de Bill Gates, de la manière dont « nous contribuons à la souffrance dans notre propre vie » et, bien entendu, dans celle d'autrui, et à être plus éveillés, plus conscients de notre interconnexion, de la toile que tisse la vie sur cette planète et dans l'univers où nous résidons, mais également de la nature essentiellement impersonnelle de tout phénomène, y compris de chacun d'entre nous, la réponse est un « oui » catégorique. Sans la moindre hésitation. En réalité, en matière d'évolution, il pourrait s'agir d'une occasion unique pour l'humanité : celle de nous connaître dans notre plénitude et notre interconnexion en tant qu'espèce, et par conséquent d'ancrer nos actes dans la sagesse d'une plus vaste plénitude plutôt que dans le sentiment étriqué, souvent nourri par la peur et les erreurs d'interprétation, de l'intérêt personnel, et dans des récits limités et limitants sur ce que nous sommes réellement en tant qu'êtres vivants, respirants, présents sur cette planète pour une durée extrêmement brève – celle d'une vie humaine entière si nous avons de la chance, mais un simple battement de cils quant à la cosmologie, la géologie ou l'évolution.

Si vous êtes humain et que vous souffrez, cette pratique est peut-être pour vous

Pour revenir brièvement à l'échelle personnelle, pourquoi votre instinct vous aurait-il poussé à choisir ce livre si vous n'étiez pas d'une manière ou d'une autre attiré intuitivement par cette possibilité en vous et pour vous ? Je suppose que c'est le cas même si vous n'êtes pas tout à fait certain d'être capable de commencer ou de maintenir et d'approfondir une pratique méditative au fil des jours, des semaines, des mois, des années et des décennies. Pourtant, c'est bien le cas. Vous pouvez développer votre propre pratique méditative de sorte qu'elle fonctionne pour vous. Et c'est le cas de plus en plus de gens sur cette planète. Il vous suffit de vous lancer, de mettre un orteil dans l'eau – ce que vous avez déjà fait à ce stade de votre lecture. Si ce que je dis est vrai, le reste suivra tout seul… La vie finira par vous guider, vous offrant des perspectives inédites à vos yeux, mais que vous finirez par reconnaître et apprécier en vous éveillant un peu plus chaque fois que vous explorerez la conscience sans jugement moment après moment.

La vie est le professeur de méditation par excellence

En définitive, la pratique de la pleine conscience se résume à la manière dont on choisit de vivre sa vie moment après moment pendant qu'il en est encore temps. Et plus particulièrement à la manière dont on choisit de vivre sa vie face à ce que j'appelle parfois la tourmente de la condition humaine et, plus proche de nous, la tourmente de nos existences individuelles.

Pour ce qui est de l'engouement excessif, peut-être aurions-nous intérêt à nous éloigner un instant de l'expression « pleine conscience ». Ce ne sont que des mots. Or, ce qu'on désigne, en deçà des mots, c'est sa signification la plus profonde, c'est-à-dire la pure conscience – la caractéristique et l'atout peut-être les plus remarquables de l'humanité.

Lorsqu'on accède au domaine de la pure conscience, on accède aussi au domaine de la *relationnalité*. Lorsqu'on prête attention, il devient beaucoup plus facile de voir que tout est lié dans cet univers interconnecté. Notre défi, puisque nous sommes par nature capables d'habiter notre propre conscience et d'être *conscients* de notre propre conscience, est le suivant : comment interagir avec la réalité même, à l'intérieur comme à l'extérieur, dans le domaine de l'être (éveil) comme de l'agir (action) ? Lorsqu'on se met à explorer et qu'on apprend à habiter sa propre conscience, il n'est plus possible de se rendormir. Du reste, qui le voudrait ?

Par ailleurs, la pleine conscience est et a toujours été une affaire de « cœur ». En Chine et dans beaucoup d'autres pays d'Asie, un même terme désigne la conscience et le cœur. En chinois, l'idéogramme de la pleine conscience se compose du caractère « présence » ou « maintenant » au-dessus du caractère « cœur ». La

« pleine conscience » est indissociable du cœur. Il en a toujours été ainsi. Éthique par nature, elle est et doit être ancrée dans la non-violence. Pourquoi ? Parce qu'il est impossible d'être équanime, en paix dans son cœur, si l'on passe son temps à nuire ou à tuer, à mentir ou à voler, à avoir des comportements déplacés, y compris sexuels, ou à médire des autres. Autant de conduites qui vont à l'encontre de la non-violence et de la bienveillance humaines élémentaires.

« Ce que l'on appelle "rose" embaumerait tout autant sous un autre nom… »

De même, on pourrait dire que la pleine conscience est profondément « bienveillante ». Si on parlait de « bienveillance » plutôt que de pleine conscience, quelqu'un nous le reprocherait-il ? La bienveillance nous semblerait-elle difficile, hors d'atteinte ou excessive ? J'en doute. Les actes de bienveillance authentiques sont généralement spontanés et généreux. Ils découlent de la perception momentanée d'un besoin et de l'envie de se connecter et peut-être d'aider en réponse. Mais avant cet élan apparaît un moment de *reconnaissance* non conceptuelle, spontanée, antérieure à la pensée : le sentiment qu'on attend quelque chose de nous, ne serait-ce qu'un simple sourire adressé dans un moment crucial, ou davantage, tel un acte de générosité discret envers autrui. Cette reconnaissance est un moment de clairvoyance spontanée issu de la conscience même. C'est la pleine conscience.

L'élément déclencheur peut être tout événement susceptible d'engendrer une réponse sincère et chaleureuse sur le moment, qu'il implique un être cher, un de vos enfants par exemple, un sans-abri ou encore la personne assise dans la voiture d'à côté dans les embouteillages. Ce n'est pas l'acte en soi qui importe. C'est la *reconnaissance*. Et cette capacité à reconnaître est innée. Elle est par nature humaine. Ce moment de reconnaissance est un moment de pleine conscience spontanée. C'est un moment de non-séparation, qui ne passe pas par la pensée, bien que celle-ci puisse l'amplifier et le compléter par la suite. C'est l'appréhension directe qui se déploie dans l'instant présent, suivie d'un acte direct, dans la mesure du possible approprié, si tant est qu'un acte soit nécessaire – ce qui n'est pas toujours le cas.

Nous sommes tous capables de ce genre de reconnaissance dans l'instant présent. Nous le pratiquons déjà quand les circonstances nous y invitent spontanément. Et donc, pourquoi pas à tout moment ? Pourquoi ne pas reconnaître ce qui se déploie en nous et autour de nous moment après moment ? C'est ce qu'on appelle la pleine conscience. Cette capacité innée à distinguer ce qui est le plus saillant, le plus important, le plus nécessaire dans l'instant. Peut-être découvrirez-vous que cette capacité est profondément fiable.

Et que nous la possédons tous déjà ou, pourrait-on dire, nous la sommes tous déjà. En réalité, c'est cette capacité même – juste voir ce qu'il y a à voir ici, puis agir ! Le fait d'agir en fonction de ce que nous appréhendons, de ce que nous reconnaissons, *semble* parfois revenir à ne rien faire dans ce moment de conscience. Mais ce n'est pas le cas, même si vous ne faites absolument rien, même pas simplement sourire. Pourquoi ? Parce qu'un changement s'est déjà produit en vous. Pourquoi ne pas reconnaître votre capacité innée à voir les choses telles qu'elles sont, au-delà des étiquettes que nous leur apposons et de ce que nous en pensons, au-delà de leurs noms et de leurs formes, en explorant l'essence même de ce qui se passe dans l'instant présent, de manière non conceptuelle, avant que la pensée n'entre en jeu, ou *en deçà* des pensées susceptibles d'émerger en vous ?

Ensuite, pourquoi ne pas encourager cette reconnaissance à s'étendre à d'autres moments de votre vie ? Pourquoi ne pas arroser cette petite graine latente en vous ? Il s'agit, après tout, d'une forme d'intelligence. Et il se pourrait que ce soit notre qualité la plus chère et, de toutes nos qualités humaines, peut-être la plus cruciale pour nous permettre d'évoluer en tant qu'espèce à ce stade de notre développement. Bien entendu, certaines personnes entreprenantes se mettront aussitôt à vendre des bracelets ou des séminaires de « bienveillance ». Mais pourquoi acheter ou commercialiser ce que vous possédez déjà ? Ce qui fait déjà intrinsèquement partie de vous ? Pourquoi ne pas simplement en faire un ami ? Pourquoi ne pas vous en servir comme d'une boussole et vivre en suivant ses indications ?

Ou, pour changer de métaphore, pourquoi ne pas voir le monde à travers l'objectif de l'appréhension directe, de la reconnaissance, et vivre selon vos propres valeurs incarnées ? Pourquoi ne pas vous connecter à ceux qui partagent les mêmes préoccupations que vous et trouver des manières imaginatives de tisser des liens plus sages avec votre vie et vos occasions d'être au service des autres et de vous-même ? Transformer la société et faire de la non-violence le principe directeur de toutes vos relations, comme le préconise en médecine le serment d'Hippocrate, mais également agir pour panser du mieux possible les blessures de notre tissu social, les plaies du racisme, des inégalités, de l'injustice et de la pauvreté, en repoussant consciemment et, si possible, en transformant en moments de clarté les instincts tribaux qui nous poussent à nous distinguer les uns des autres, à favoriser ceux que nous identifions comme nos semblables tout en diabolisant, déshumanisant, abusant ou ignorant ceux qui nous semblent différents – et nous-mêmes par la même occasion.

Démocratie 2.0 : une mise à jour cruellement nécessaire par la conscience et le cœur

Ce livre traite de la mise en œuvre de la pleine conscience, pas seulement dans notre vie personnelle mais dans le plus vaste monde que nous habitons ensemble. « La liberté est au corps collectif ce que la santé est au corps individuel, déclarait Thomas Jefferson. Sans santé, aucun plaisir ne peut être goûté par l'homme ; sans liberté, aucun bonheur ne peut être apprécié par la société. » Il avait raison. Pourtant, il possédait des esclaves et privait donc des êtres humains de liberté, tout en proclamant dans la Déclaration d'indépendance que tous (les hommes) naissent égaux. Cette contradiction, qui ne manque pas d'ironie, montre de manière cruelle combien le processus d'accession à une vraie démocratie est lent et qu'il est difficile de sortir du cadre de son époque et des multiples restrictions invisibles qui enfreignent l'évolution et la mise en pratique d'une telle abstraction, aussi noble et louable soit-elle. Les avantages de la civilisation ont toujours du mal à se concrétiser pour certains. Les esclaves sont toujours conscients de leur asservissement. Pour eux, il ne saurait être dissimulé derrière de belles phrases. Ils connaissent la vérité car ils expérimentent l'oppression. Même la Grèce antique, qui nous a transmis le concept de démocratie, avait intégré l'esclavage dans son tissu social. Et lorsqu'on parle d'esclavage, l'exact opposé de la liberté, comment imaginer les souffrances engendrées à l'époque et leurs conséquences aujourd'hui ? On pourrait dire la même chose du statut des femmes, puisque dans la Grèce antique elles étaient exclues du processus démocratique. D'ailleurs, en Occident, il y a moins d'un siècle, une femme mariée n'avait pas d'existence légale propre en dehors de son époux.

C'est une des raisons fondamentales qui expliquent que la démocratie même, et l'affranchissement de tous les membres de la société et de la famille humaine, soit un processus qui s'étale généralement sur plusieurs générations, un chantier toujours en cours, sans garantie de succès à terme, quoi qu'on entende par là, dans un monde où le changement est la seule constante.

Toutefois, ce processus évolutif culturel[7] s'accélère, poussé par le temps même et les transformations que les sciences et les technologies ont engendrées à ce jour et qu'elles engendreront de plus en plus à l'avenir, au cours de notre vie, de celle de nos enfants et de nos petits-enfants. Il faut donc adopter des lois, élaborées de manière démocratique, afin de protéger les institutions participatives du corps politique et la souveraineté fondamentale de tous ses membres, qui constituent en quelque sorte les cellules du corps politique de chaque pays, mais également du corps politique de la planète.

Cette possibilité émergente pourrait être baptisée Démocratie 2.0. Il s'agirait d'une « mise à jour » qui mettrait en lumière puis interdirait toutes les contradictions et les machinations qui, au cours des siècles et aujourd'hui encore[8], ont permis à certains membres de la société de bénéficier de privilèges démesurés aux dépens des autres. Ce phénomène peut prendre

---

7. Et peut-être aussi biologique, par des voies épigénétiques.

8. Voir, par exemple, Nancy MacLean, *Democracy in Chains : The Deep History of the Radical Right's Stealth Plan for America*, New York, Viking, 2017. Également, Noam Chomsky, *Chomsky on MisEducation*, Lanham, MD, Rowman & Littlefield, 2000.

de multiples formes, qu'il s'agisse de génocides, d'esclavage pur et simple ou de restrictions légales systématiques destinées à favoriser quelques privilégiés – par l'héritage, la santé, la profession, le pouvoir, l'éducation, la fourberie – aux dépens de tous ceux qui ne disposent pas des mêmes ressources. En définitive, le moteur de cette asymétrie est toujours l'avidité, la haine ou l'illusion, l'accaparement des privilèges et le mépris fondamental de l'égalité des chances. Ces éléments entravent le droit de *tous* les membres de la société (et de la planète) à vivre sans restrictions injustes ou injustifiées, qu'elles soient légales, économiques, sociales ou éducatives. La question de cette asymétrie deviendra d'autant plus importante pour nos sociétés que de nombreuses tâches/professions humaines sont désormais assumées par des algorithmes et des robots.

De grands progrès en matière de niveaux de vie, de santé et d'enrichissement personnel ont indéniablement vu le jour dans les pays industrialisés au cours des deux siècles écoulés, et plus récemment dans la majorité des pays de la planète[9]. Pourtant, le discours sur la liberté et l'égalité de tous devant la loi que nous tenons aux enfants et aux immigrés qui prêtent serment d'allégeance lorsqu'ils deviennent citoyens des États-Unis d'Amérique n'a toujours pas résolu les contradictions de nos origines nationales, plongées dans le génocide et l'esclavage, et de notre droit qui, en plus d'être appliqué parfois de façon brutale et violente, privilégie une minorité de manière profondément asymétrique. Ces asymétries de privilège et de pouvoir sont encore plus flagrantes dans beaucoup d'autres sociétés. Le développement

---

9. Voir Hans Rosling, *Factfulness*, Paris, Flammarion, 2019 ; et Steven Pinker, *Le Triomphe des Lumières*, Paris, Les Arènes, 2018.

des démocraties au cours des quelques millénaires écoulés, de la Grèce antique à nos jours, doit encore s'attaquer aux racines de ses propres contradictions et à l'influence de puissants intérêts financiers dans le dénigrement de la liberté et des opportunités.

Il me semble que le moment est venu d'opérer une mise à jour de notre démocratie fondée sur la sagesse et la compassion, d'affirmer que tous les êtres ont un droit fondamental à la vie, à la liberté et à la recherche du bonheur – puis de se demander à quoi pourrait ressembler le vrai bonheur et où il réside réellement. Connaître notre esprit et nos désirs est fondamental ici car, en définitive, ce que nous pensons et désirons est à la fois la source d'un grand nombre de souffrances et la seule possibilité réelle de nous en libérer, pour le bien de chacun et du monde entier.

Pouvoir du privilège et privilège du pouvoir

Comme vous le savez peut-être, la Déclaration d'indépendance américaine, rédigée par Thomas Jefferson, évoquait « la vie, la liberté et la recherche du bonheur ». Mais au moment où la Constitution américaine est entrée en vigueur, l'expression « recherche du bonheur » a été abandonnée au profit du terme « propriété ». Ce n'est pas très surprenant, puisque la Constitution était un document légal dont les signataires étaient tous des propriétaires fonciers (mais également blancs et de sexe masculin) alors que la Déclaration d'indépendance s'apparentait à un cahier de doléances révolutionnaire sans valeur légale. En réalité, par ce document, les Américains se détournaient des structures et des restrictions de l'Empire britannique et rejetaient catégoriquement sa domination coloniale. Ces paradoxes démontrent de manière poignante que, sur cette planète, la démocratie et la liberté sont des expériences très vulnérables, qui évoluent au fil du temps. Par conséquent, tout absolutisme relatif à la liberté ou aux détenteurs du pouvoir de décision est limité et potentiellement aveuglant. En définitive, la démocratie a besoin d'autre chose, qui transcende l'exercice du pouvoir brut. Elle a besoin de sagesse. Et la sagesse n'apparaît qu'à l'instant où l'on prend conscience que la recherche de l'intérêt personnel définie de manière trop étroite engendre cet aveuglement même, d'autant que la notion de « soi », de « personnel », est hautement contestable, voire suspecte chez les êtres humains et les citoyens que nous sommes, sans parler des entreprises et des gouvernements. Pour trouver le bonheur ou le bien-être véritable, en d'autres termes l'*eudémonie* d'Aristote, nous devons nous éveiller, apprendre à nous lier d'amitié avec notre propre nature essentielle d'êtres, d'êtres humains. C'est le domaine de la non-dualité, en deçà de la pensée, au-delà de la pensée – le domaine de la conscience même.

La pratique du non-agir

Le non-agir, qui est un élément essentiel de la pratique de la pleine conscience, semble presque antiaméricain tant nous sommes une nation de fonceurs et d'entrepreneurs. Mais l'option du non-agir/de l'être, qui peut nous permettre de comprendre et d'ancrer tous nos actes, individuels et collectifs, attire de plus en plus d'Américains. C'est une invitation à honorer la promesse de ce que pourrait être une démocratie éclairée à notre époque et, en parallèle, à se méfier de l'avidité, de la haine et de l'illusion, qui pourraient la saper ou la subvertir totalement, surtout lorsqu'elles sont encouragées par des lois injustes – une perspective de plus en plus effrayante à l'ère du numérique. Comme le rappelle la devise de l'US Air Force : « Le prix de la liberté, c'est la vigilance éternelle. » Si seulement l'armée de l'air savait à quel point ces mots sont justes. Mais la vigilance doit provenir d'un esprit clair et d'un cœur sage et s'enraciner dans un sol éthique et moral. Sinon, cette liberté peut trop aisément s'apparenter à la novlangue décrite par George Orwell dans son roman dystopique *1984*. À moins que nous n'assistions à ce qui s'est passé en 2018 à la Maison-Blanche de manière peut-être encore plus grotesque, explicite et dangereuse que par le passé, bien que cette tendance, omniprésente dans les sociétés humaines, prenne régulièrement de l'ascendance, s'enracine et domine. Quand c'est le cas, beaucoup de gens perdent inévitablement la vie. Beaucoup de gens, y compris des enfants, sont emprisonnés injustement. Et l'amour, comme la compassion, semble dépérir.

Mais ce n'est jamais tout à fait le cas. C'est encore un récit limité que nous pouvons nous raconter pour valider nos convictions et nos allégeances à court terme. La bienveillance et la prévenance humaines ne peuvent mourir. Tout comme la conscience et la sagesse. Elles sont inscrites dans notre ADN et émergent souvent dans les conditions les plus rudes et les plus cauchemardesques. Nous sommes tous capables d'aimer mais aussi, malheureusement, de nuire aux autres et à nous-même, volontairement ou non. Pourquoi ne pas nourrir l'amour ? Pourquoi ne pas nourrir la sagesse ? Pourquoi ne pas incliner notre esprit et notre cœur dans cette direction ? Après tout, c'est là que résident la liberté et le bonheur véritables.

Une vision plus vaste du soi et de l'intérêt personnel

Prenons soin de la vie du mieux possible en élargissant notre définition de « l'intérêt personnel » et en explorant en profondeur ce que nous entendons même par « soi », « moi » et « mien », par « nous » et « eux », et ce qui « nous » arrive quand nous tombons dans le piège machinal de la distanciation émotionnelle et de la déshumanisation. Nous pouvons également nous interroger sur le bien-être et le bonheur véritables si nous parvenons à nous arrêter à des moments-clés, en nous rappelant simplement que nous ne sommes pas obligés de nous engager dans cette voie machinale du « nous » et du « eux » à l'échelle individuelle et à l'échelle du corps politique.

Façonner l'avenir en honorant l'instant présent

Et, tant que nous y sommes, pourquoi ne pas nous émerveiller de notre rôle potentiel dans ce qui est à venir et y contribuer chacun à notre manière en prenant pleinement soin de cet instant. Quand nous y parvenons, l'instant suivant est déjà profondément différent, car nous avons choisi d'habiter pleinement celui-ci. C'est ainsi qu'on façonne l'avenir, qu'on engendre un avenir plus sage et bienveillant – en prenant soin du *présent* et en y répondant par notre présence pleine et entière et nos multiples intelligences, en d'autres termes, par l'attention, la pleine conscience.

Ce livre vous invite à vous fier à votre créativité et à votre héritage, quels que soient le pays, la culture auquel vous appartenez ou le point de vue auquel vous vous identifiez. En *cultivant* avec régularité la pleine conscience et le cœur, nous contribuons, chacun à notre modeste mais indéniable manière, à tisser une toile d'interconnexions multidimensionnelles où nous pouvons incarner des points de sagesse susceptibles de guérir et de transformer pas à pas notre monde. La sagesse incarnée émerge du soin que nous apportons aux interconnexions avec nos enfants et nos petits-enfants dans l'instant présent plutôt que de façon abstraite. Elle se manifeste dans le monde que nous leur léguons. Elle réside dans le travail que nous accomplissons, dans nos relations, dans notre volonté d'affirmer ce qui nous est le plus précieux et de l'incarner à travers nos actes et nos choix. Elle apparaît quand nous sommes disposés à nous asseoir pour écouter sincèrement les gens qui ne voient pas les choses de la même manière que nous, quand nous écoutons profondément la nature, y compris notre propre nature profonde, et l'univers même. En un mot, la sagesse incarnée est vivante quand nous sommes pleinement vivants, quand nous parvenons moment après moment et jour après jour à reconnaître puis à accueillir à bras ouverts ce qui est – y compris la tourmente de la condition humaine –, puis à nous en occuper avec sagesse. Quand c'est le cas, la pratique de la pleine conscience finit, mystérieusement, par nous connecter à la vie même avec une profondeur que nous n'aurions jamais crue possible et par bénéficier à tous.

Regarder en arrière pour mieux voir vers l'avant

Comme vous le verrez à partir des exemples que j'ai choisis, notamment dans la première partie, l'essentiel de ce livre a été écrit entre 2002 et 2004. J'ai tenté d'élargir le cadre de la pratique de la pleine conscience et son orientation par essence orthogonale pour y inclure « le corps politique », en d'autres termes, pour étendre son potentiel curatif à l'ensemble de la société – à la manière dont les États-Unis d'Amérique se comportent réellement, à l'intérieur comme à l'extérieur de leurs frontières, en dépit de leur discours – ainsi qu'à certains défis cruciaux dont notre espèce commençait à prendre conscience à l'époque, et qui sont encore plus pressants aujourd'hui, à cet instant.

Ce livre tente de convaincre avec optimisme que nous devons impérativement braquer l'objectif de la pleine conscience[10] sur le plus vaste monde et la planète entière. Ce faisant, nous pourrions bénéficier d'un meilleur angle de vue pour diagnostiquer avec exactitude, puis traiter de façon appropriée les maux de notre société, qu'il s'agisse des maladies déclarées ou du mal-être sous-jacent dont elle souffre. Les maladies déclarées incluraient la preuve irréfutable que notre espèce, par son activité, a provoqué une poussée de fièvre susceptible de rendre la vie infiniment plus difficile, et peut-être même impossible, sur la planète pour la très grande majorité d'entre nous au cours des prochaines générations si nous ne faisons pas preuve d'innovations sociales, technologiques et gouvernementales radicales, voire miraculeuses, à l'échelle planétaire, et si nous ne nous attelons pas à maîtriser notre intoxication apparemment sans fin à la croissance.

Mais les transformations, les développements et les enseignements les plus importants ne viendront ni des technologies ni des gouvernements. Ils ne peuvent venir que de notre capacité à nous éveiller à cette impasse et à notre potentiel de prise de conscience : prise de conscience de notre situation et des ressources à la fois intérieures et extérieures dont dispose notre espèce pour minimiser les éléments malsains, souvent provoqués par l'avidité, au

10. Dans *L'Éveil des sens*, nous avons vu que cela pouvait être essentiel pour reconquérir, guérir et transformer notre vie personnelle.

profit de comportements plus sains et plus compatissants. Et, à partir de cette prise de conscience, mobiliser ces ressources dans le but de guérir plutôt que de nuire. Nous devons affronter, en exploitant l'éventail complet de nos intelligences – somatique, intuitive, conceptuelle, émotionnelle, sociale, globale –, ce que notre espèce précoce a objectivement façonné depuis l'aube de la révolution industrielle, il n'y a qu'une douzaine de générations en arrière – la face sombre comme la beauté.

*

Comme vous le verrez, j'ai fait le choix délibéré de ne pas réécrire entièrement le texte initial en recourant à davantage d'exemples contemporains. En revanche, je l'ai modifié et complété par petites touches ici et là pour mettre à jour certains éléments. La plupart des exemples appartiennent désormais à l'histoire. Et pourtant ! Les mêmes questions, les mêmes tendances déjà présentes au début des années 2000, voire bien avant, se répètent encore et encore à notre époque. La manière dont nous traitons le monde aujourd'hui dépend en grande partie, comme il en a toujours été, des verres que nous chaussons pour l'appréhender et des outils que nous fabriquons pour le comprendre. La division règne comme jamais, mais aussi comme toujours. Les technologies sont peut-être plus rapides et omniprésentes, puisque nous avons tous des super-ordinateurs connectés au monde entier dans nos poches et nos sacs à main, mais les éléments de base de la lutte de l'espèce humaine n'ont pas changé.

J'espère qu'au fil de ces pages vous parviendrez à voir le monde tel qu'il est à cet instant et que vous comprendrez à votre manière ce qu'il faudrait faire pour vivre pleinement la vie qu'il vous revient de vivre dans le climat (tout jeu de mots assumé) actuel – et assurer la même chose à tous. Si nous abordons le mal-être de la condition humaine d'un point de vue médical – en nous fondant sur ce que la médecine et les sciences ont découvert ces quarante dernières années sur la connexion corps/esprit, la neuroplasticité, l'épigénétique, les télomères et le vieillissement cellulaire, mais également sur la pleine conscience, la santé et le bien-être, la santé publique et l'environnement –, nous pourrons peut-être identifier notre mal avec beaucoup plus d'acuité que par le passé. Et, par conséquent, trouver et appliquer avec suffisamment de motivation et de persévérance un traitement adapté à l'ampleur de ce qui nous fait souffrir. Par la même occasion, nous pourrions révéler, découvrir et retrouver notre complétude intrinsèque et notre beauté originelle d'êtres humains. Il ne s'agirait pas simplement d'une source de satisfaction, mais de connaissance profonde, et donc de vrai pouvoir.

*

En tant que « cellules » essentielles du corps politique et de l'épanouissement de la vie sur cette planète, chacun de nous compte et nos efforts pour cultiver et incarner la pleine conscience (et donc le cœur et la bienveillance) dans nos vies et dans nos relations riches et variées pourraient se révéler déterminants – et en définitive faire une différence cruciale – pour les instants, les années et les générations à venir.

Il y a de bonnes raisons d'être optimiste. Comme l'a écrit mon défunt beau-père, l'historien, professeur et militant des droits civiques et de la paix Howard Zinn :

> Il n'est pas nécessaire d'entreprendre de grandes actions héroïques pour participer au processus de changement. De petits actes, lorsqu'ils sont multipliés par des millions de personnes, peuvent transformer le monde. Garder l'espoir dans les mauvais moments ne relève pas simplement d'un romantisme stupide. C'est prendre en compte que l'histoire humaine est une histoire complexe, empreinte de cruauté, mais également de compassion, de sacrifice, de courage et de bienveillance. Ce sur quoi nous décidons de mettre l'accent détermine notre vie. Si nous ne voyons que le pire, notre capacité à agir s'en trouve détruite. Si nous nous rappelons les époques et les lieux – et ils sont très nombreux – où les gens ont eu un comportement magnifique, nous trouvons l'énergie d'agir et il devient au moins possible de diriger ce monde qui tournoie comme une toupie vers une autre direction.
> Et si nous agissons, même de manière modeste, nous n'avons pas besoin d'attendre un grand avenir utopique. L'avenir est une infinie succession de présents et vivre *dans l'instant présent* comme nous pensons que les êtres humains devraient vivre, malgré tout le mal qui nous entoure, est en soi une merveilleuse victoire[11].

Puisse votre pratique de la pleine conscience continuer à croître, à fleurir et à nourrir votre vie, votre santé, votre travail et votre vocation dans ce monde, instant après instant et jour après jour. Puisse la beauté du monde vous soutenir dans les meilleurs comme dans les pires moments et vous rappeler qui vous êtes

11. Howard Zinn, *L'Impossible Neutralité. Autobiographie d'un historien et militant*, Marseille, Agone, 2013. Voir également le Zinn Education Project (ZEP) : https://www.zinnedproject.org.

réellement réellement réellement réellement et ce qu'il importe de garder vivant et florissant tant que vous en avez la possibilité.

Puissiez-vous marcher en beauté, comme le dit le peuple navajo, et puissiez-vous prendre conscience que vous le faites déjà – et que vous l'avez toujours fait. Et au fil de votre chemin, puissiez-vous prendre soin de ce qui a besoin de soin dans le monde, avec tendresse.

Jon Kabat-Zinn
Northampton, MA
26 octobre 2018

PREMIÈRE PARTIE

GUÉRIR LE CORPS POLITIQUE

Guérir le corps politique

Le pouvoir au sens le plus noble est l'amour
mettant en œuvre les exigences de justice,
et la justice au sens le plus noble est le pouvoir
corrigeant tout ce qui fait obstacle à l'amour.
Martin Luther King

Tout ce que nous avons abordé au fil de notre exploration de la pleine conscience à l'échelle personnelle dans *L'Éveil des sens* s'applique également à notre comportement, en tant que pays et espèce, à l'échelle du monde. Prenez un quelconque événement de l'actualité. Savons-nous réellement ce qui se passe ? Ou nous contentons-nous de bâtir des opinions fondées sur la confiance ou la méfiance que nous inspirent certaines sources d'information, ou sur des préférences qui nous incitent à adopter certains scénarios et à en rejeter d'autres sur-le-champ, pris au piège du « nous » et du « eux », de l'attraction et de l'aversion, du désir ou de la crainte, absorbés par l'apparence des choses ou condamnés à imaginer ce qui se passe sous leur surface, sans réellement les connaître ?

Le défi est le suivant : en tant que société et nation, pouvons-nous appliquer la vision non duelle de la pleine conscience à ce qui se passe dans le monde et à notre interface avec ce dernier, peu importe le pays dans lequel nous vivons ou auquel nous nous identifions ? Par exemple, pouvons-nous porter la conscience sur ce qui se présente à nos sens et mobiliser notre capacité de discernement et de non-connaissance lorsqu'il s'agit d'« actualités » ? Pouvons-nous être conscients de ces événements, grands et petits, qui influencent tôt ou tard notre vie privée, bien qu'ils soient souvent très éloignés de notre expérience directe et de notre quotidien – enfin, jusqu'au jour où ils nous rattrapent brutalement ? Puis, si c'est le cas, pouvons-nous appliquer la conscience aux moments où, subitement, nous nous sentons happés et profondément affectés, de manière directe ou indirecte, par des forces qui nous échappent en partie, qu'elles soient économiques, politiques, géopolitiques, militaires, environnementales, médicales ou un mélange complexe de ces éléments, comme le réchauffement climatique, l'évolution des mœurs ou les migrations massives de peuples fuyant les souffrances de la guerre, de la famine ou d'autres plaies du même genre ? Ces forces nous dépassent inévitablement. Elles perturbent le cadre confortable de nos préoccupations personnelles, de nos cultures et de nos traditions. Elles peuvent être douloureuses et sources de peur. Pourtant, si nous ne leur résistons pas, ces mêmes forces peuvent nous permettre d'élargir notre point de vue car des questions humaines bien plus fondamentales sont en jeu.

En définitive, le défi est donc de savoir si nous pouvons être orthogonaux[12]. Sommes-nous capables d'être plus ouverts, plus inclusifs, sans que notre sentiment de bien-être et de sécurité s'en trouve menacé ? Sommes-nous capables d'*incarner* la compassion ? Pouvons-nous incarner la sagesse dans notre manière de répondre aux changements, aux incertitudes et aux menaces qui

---

12. Voir *L'Éveil des sens*, *op. cit.*

pèsent potentiellement sur ce que nous percevons comme notre identité en tant qu'individus, pays ou espèce ? Pouvons-nous être sages ? Ce sont là les défis que nous pose le monde extérieur, mais aussi le monde intérieur de notre esprit et de notre cœur. L'extérieur et l'intérieur se reflétant, ils nous offrent un nombre illimité d'occasions de façonner notre relation à l'un comme à l'autre, et en retour, d'être façonné par eux. Ici aussi peut-être, en tant que société, il nous est tout à fait possible de nous accueillir à notre propre porte et d'aimer à nouveau l'étranger que nous étions pour nous-mêmes, pour reprendre le poème de Derek Walcott, « L'Amour après l'amour », qui clôt *L'Éveil des sens*.

Il suffit de revenir au dessin de la jeune femme/vieille femme ou au triangle de Kanizsa de *L'Éveil des sens* pour se rappeler qu'on peut facilement voir certains aspects des choses et pas d'autres ou être résolument convaincu de l'existence de choses pourtant illusoires. Et ces exemples sont particulièrement simples comparés à la complexité fluctuante des questions et situations auxquelles nous sommes confrontés dans notre vie quotidienne, sans parler de celles auxquelles doivent faire face notre pays et le monde. Trop souvent, nous finissons tous, notamment si nous n'accordons pas suffisamment d'attention à la *façon* dont nous voyons et connaissons les choses, par percevoir de manière erronée des situations complexes et nous attacher à une vision partielle ou incomplète. Le risque est alors d'exclure d'emblée d'autres dimensions dont la pertinence devrait être reconnue mais que nous refusons peut-être tout simplement de voir. Ces ornières, cet attachement pour le moins aveugle à une interprétation qui pourrait n'être qu'en partie, voire pas du tout, réelle engendre de l'hostilité et de la souffrance – pour nous-mêmes et pour les autres. Nos institutions et nos politiques ne seraient-elles pas plus saines et plus sages si nous nous engagions tous, même très humblement, à étendre le champ de notre conscience à l'intérieur comme à l'extérieur afin d'envisager la pertinence, au moins partielle, de façons de connaître, de voir et d'être profondément différentes des nôtres ?

Quelles que soient vos opinions politiques, religieuses, économiques, culturelles, historiques, sociales, ou les positions que vous prenez simplement au quotidien sur telle ou telle question, pourquoi, l'espace d'un instant, ne pas prendre en compte les personnes qui ont un avis diamétralement opposé au vôtre ? Ont-elles toutes complètement tort ? Sont-elles toutes « mauvaises » ? N'y aurait-il pas en vous une tendance à les déshumaniser, à les stéréotyper, voire à les diaboliser ? Vous arrive-t-il de les englober dans un même « eux » et de porter des jugements hâtifs sur « leur » personnalité, « leur » intelligence, voire « leur » humanité ? Lorsqu'on se met à examiner ainsi l'activité de son esprit, en reconnaissant ses pensées comme de simples pensées, ses opinions comme de simples opinions et ses émotions comme de simples émotions, on peut rapidement découvrir que cette tendance à généraliser et à figer en catégories peut survenir aussi avec les êtres dont nous sommes le plus proche et qui nous sont le plus chers. C'est la raison pour laquelle la famille est un terrain d'expérimentation idéal, mais parfois aussi exaspérant, pour affûter la conscience, la compassion et la sagesse, et les incarner réellement moment après moment dans notre vie quotidienne. Car, lorsqu'on s'accroche fermement à la certitude qu'on a raison et que les autres ont tort, même si c'est vrai dans une large mesure et que les enjeux sont extrêmement élevés (ou du moins est-ce ce que l'on pense), nos outils mêmes de perception peuvent se déformer. On risque alors de sombrer dans l'illusion et de faire plus ou moins violence à la réalité de la situation et à nos relations sans que la pertinence et le mérite « objectifs » de telle ou telle position ne le justifient. Quand j'examine mon esprit, je dois admettre que chaque jour je suis sujet à toutes ces tendances et que je dois me montrer vigilant pour ne pas me tromper lourdement. Je suppose que je ne suis pas le seul dans ce cas.

Si ce phénomène se produit même modestement dans votre esprit – et, en toute probabilité, dans l'esprit de ceux qui ne partagent pas vos opinions lorsqu'ils pensent à vous et à tous ceux qui voient les choses de « votre façon » –, pensez-vous que les conditions pour comprendre ce qui se passe réellement ou reconnaître un terrain commun, des intérêts partagés et une plus grande vérité soient réunies ? Ou est-ce que notre manière de voir et de penser a tellement polarisé la situation, le sujet ou la question, quels qu'ils soient, et nous a tellement aveuglés qu'il n'est plus vraiment possible de voir et de connaître les choses telles qu'elles sont réellement ? Ni même de se rappeler que nous ne savons vraiment pas et que cette non-connaissance recèle un gigantesque pouvoir créatif et curatif. Il ne s'agit en aucun cas d'ignorance. Mais de compassion. De sagesse. Savoir que nous ne savons pas est plus puissant et curatif qu'ériger des murs sur la peur, pointer du doigt, partir en guerre sous de faux prétextes ou donner du « nous » et du « eux » à l'infini.

Savoir que nous ne savons pas ou que nous n'avons souvent qu'une connaissance partielle des choses peut faire apparaître dans l'esprit et le cœur de vastes ouvertures et des perspectives orthogonales qui n'auraient pas été possibles autrement. Souvenez-vous de ce que le maître zen coréen Soen Sa Nim faisait aux gens qui s'accrochaient à une opinion. « Si vous dites que ceci est un bâton, une montre ou une table, une bonne ou une mauvaise situation, ou même la vérité, je vous donne trente coups de bâton [métaphoriquement parlant, bien entendu]. Et si vous dites que ceci n'est pas un bâton, une montre ou une table, une bonne ou une mauvaise situation, ou même la vérité, je vous donne trente coups de bâton. Que pouvez-vous faire ? »

En réalité, il nous invitait à échapper à la pensée duelle : ceci-ou-cela, noir-ou-blanc, bon-ou-mauvais, nous-ou-eux. Il faisait acte de compassion lorsqu'il nous mettait face à ce dilemme ou qu'il nous montrait que nous nous y enfermions souvent de nous-mêmes.

Et donc, que pouvez-vous faire ? Que pouvons-nous faire ? Finalement, pourquoi ne pas appeler un chat un chat ? Qu'en est-il des génocides, des meurtres, de l'exploitation, des crimes organisés, des politiciens corrompus, des modèles d'escroquerie institutionnalisés (en ligne ou hors ligne), du racisme structurel et de l'injustice ? Certes, nous pouvons et parfois nous *devons*, moralement, prendre position et appeler un chat un chat quand nous *savons* pertinemment que c'est un chat. Mais si vous le savez et que vous le voyez clairement, sans vous accrocher uniquement à l'idée que vous vous faites d'un « chat », vous verrez alors immédiatement que le fait d'appeler cela un « chat » n'est peut-être pas la seule chose à faire, ni la plus importante, notamment si vous ne faites rien d'autre. Il existe peut-être une réponse plus appropriée à la situation que de s'accrocher à un concept ou à une étiquette, bien qu'il soit extrêmement important de s'élever et de nommer précisément ce qui se passe. Il peut y avoir aussi une nécessité impérieuse d'agir, et d'agir sagement, de trouver une manière incarnée de se lier à ce qui se passe avec intégrité et dignité, un acte *concret*, qui dépasse le simple fait de nommer ou d'insulter, voire d'être d'accord avec ceux qui agissent dans le même sens que vous.

Se retrousser les manches, se mettre à l'œuvre et convaincre les autres de se joindre à nous pourrait être approprié. Agir pour incarner ce que nous comprenons d'une situation à tout moment est peut-être ce qu'il y a de mieux à faire. Et nous nous rapprocherions pas à pas de la sagesse si nous étions disposés à tirer des leçons des conséquences de nos actes. Tout le reste peut très vite dégénérer en paroles creuses. Le candidat aux élections dit que c'est un chat et qu'il faut faire quelque chose. Une fois élu, comment se fait-il que sa vision de la réalité et de l'importance de ce chat puisse changer de manière aussi rapide et radicale ? Métaphoriquement parlant, c'est toujours un chat, à moins que ce n'ait été un chat que par commodité, un tremplin vers autre chose ?

Pour paraphraser Bertrand Russell, les êtres humains ont appris à voler dans le ciel et à plonger dans les océans. Mais nous n'avons pas encore appris à vivre sur terre. L'ultime frontière, ce ne sont ni les océans, ni même l'espace, aussi intéressants et attirants soient-ils. L'ultime frontière, la plus importante et la plus urgente pour nous, est l'esprit et le cœur humains. C'est nous connaître nous-mêmes, et surtout de l'intérieur ! L'ultime frontière est la conscience même. C'est la mise en commun de tout ce que nous savons, de toutes les traditions de sagesse de tous les peuples de cette planète, y compris nos manières différentes de connaître, à travers les sciences, les arts, les traditions autochtones, l'investigation méditative et les pratiques en pleine conscience incarnées. C'est le défi de notre temps et de notre espèce, à présent que nous sommes si connectés les uns aux autres, que ce qui se passe à Helsinki, à Moscou ou à la Maison-Blanche, à Bruxelles, à Bagdad ou à Kuala Lumpur, à Mexico, à New York ou à Washington, à Kaboul, à Pékin ou n'importe où ailleurs peut finir par affecter profondément notre vie le jour ou le mois suivant. Sans parler des pressions dissipatives qui menacent en permanence la démocratie même, l'inclusivité réelle et l'égalité devant la loi qui permettent pourtant à toutes les « cellules » du corps politique de bénéficier du même « apport sanguin ». C'est tout le contraire de la politique de l'autruche et des intérêts particuliers – « notre » sécurité, « notre » bonheur ou « nos » gains au sens le plus étriqué. Toute notre exploration de la pleine conscience et des possibilités de guérir nos vies et le monde nous offre un moyen d'embrasser de temps en temps la forêt du regard et de la connaître directement dans sa plénitude plutôt que de nous laisser capturer par ces infimes préoccupations que sont les arbres et les branches individuels, aussi important que soit ce niveau de compréhension. Elle nous rappelle que sans les verres déformants des pensées et des opinions étriquées et non examinées, qui sont le plus souvent générées par des degrés divers de peur, d'avidité, de haine, d'illusion, mais également de tribalisme endémique, l'instinct ancestral qui nous incite à « nous » distinguer d'« eux » – attisé aujourd'hui par certains médias et réseaux sociaux, y compris des entités malveillantes d'Internet qui pourraient être des robots, mais également par une tendance répandue de tous côtés à ne pas tenir compte des preuves réalistes – est un immense piège qui nous empêche de voir des ouvertures et des possibilités nouvelles.

Je ne prétends pas qu'il n'y ait pas de place pour des opinions et des points de vue très tranchés. Mais plus ces visions prennent en compte l'interconnexion de toute chose aux niveaux micro et macro, plus notre capacité à interagir avec le monde, notre travail, nos aspirations et notre vocation s'améliorent, contribuant à développer la sagesse et l'harmonie plutôt que les conflits, la détresse et l'insécurité.

Aujourd'hui plus que jamais, sur presque tous les fronts, nous disposons d'une occasion inespérée, individuellement et collectivement, de ne pas nous laisser happer par nos émotions destructrices et nos égoïsmes non examinés, mais de retrouver le bon sens, à la fois littéralement et métaphoriquement. Ce faisant, peut-être le reconnaîtrons-nous et nous éveillerons-nous au mal-être de notre monde et de notre espèce qui s'est transformé en maladie chronique au cours des dix millénaires de l'histoire humaine. Et peut-être prendrons-nous des mesures concrètes pour concevoir et nourrir de nouvelles possibilités d'équilibre et d'harmonie dans nos vies en tant qu'individus, et dans nos interactions en tant que nations, en identifiant et en minimisant nos tendances destructrices, voire notre malveillance pure et simple – autant d'états mentaux qui ne font que nourrir le mal-être et l'aliénation, à l'intérieur comme à l'extérieur – et en maximisant notre capacité à mobiliser et à incarner la sagesse et la compassion dans les choix que nous faisons moment après moment, qu'il s'agisse de la manière dont nous devrions vivre ou de celle dont nous pourrions employer nos énergies créatives pour guérir le corps politique.

*

Depuis *L'Éveil des sens*, nous explorons les métaphores de la maladie et du mal-être pour tenter de définir et de comprendre, sous plusieurs angles, la nature profonde du malaise humain et la raison pour laquelle nous nous sentons si souvent insatisfaits, privés d'une part de nous-mêmes, incomplets, bien que, sur le plan matériel, éducatif et à bien d'autres égards, nous soyons beaucoup mieux lotis dans les pays développés, mais aussi dans la plupart des pays autrefois appelés « en développement », que la vaste majorité des êtres humains ne l'a jamais été au cours des générations qui nous ont précédés[13]. Si un niveau de vie relativement élevé, la richesse et l'abondance matérielles, voire une santé et des soins médicaux plus performants que jamais dans l'histoire de l'humanité, ne suffisent pas à nous apporter le bonheur, la satisfaction et la paix intérieure, que pourrait-il encore nous manquer ? Que faudrait-il pour que nous appréciions qui nous sommes et ce que nous avons déjà ? Et que nous révèle notre insatisfaction sur nous-mêmes en tant que pays, monde et espèce ? Comment pourrions-nous cesser d'être des étrangers pour nous-mêmes et retrouver ce que nous sommes réellement dans notre plénitude ? Comment pourrions-nous connaître et incarner notre vraie nature et notre vrai potentiel d'êtres humains ?

En nous tournant brièvement vers l'intérieur, nous pouvons nous demander ce qu'il *faudrait* pour que, en tant qu'individus au sein du corps politique, nous nous *sentions* entiers et heureux à cet instant même, compte tenu du fait qu'en réalité, comme nous l'avons vu maintes et maintes fois à travers notre exploration de la pleine conscience, nous sommes *déjà* indéniablement entiers et complets à tout instant. Nous pourrions par exemple cesser de vivre autant dans notre tête, happés par nos pensées, nos désirs et les turbulences de nos émotions réactives et de nos addictions, qu'il s'agisse de nous nourrir (épidémie d'obésité), d'anesthésier notre douleur (épidémie d'opioïdes) ou d'autres choses. En définitive, nous semblons prisonniers de nos efforts sans fin et souvent désespérés pour modifier les circonstances, les causes et

13. Voir Hans Rosling, *Factfulness*, *op. cit.* ; et Steven Pinker, *Le Triomphe des Lumières*, *op. cit.*

les conditions externes de sorte qu'elles engendrent – du moins l'espérons-nous – une situation meilleure où nous pourrons enfin mettre un terme à la douleur pour être heureux et en paix.

Derrière ces efforts, nous pouvons encore reconnaître la préoccupation habituelle, séduisante mais en réalité déplacée d'un soi solide, durable, immuable. Lorsqu'on l'examine avec les verres de la pleine conscience, ce sentiment d'un soi à la fois extrêmement tenace et étonnamment insaisissable se révèle très vite être une illusion. Je pense que nous le savons tous au plus profond de notre cœur. Pourtant, ce sentiment d'un soi permanent et l'égocentrisme qui l'accompagne semblent continuellement nous fasciner et nous projettent ici et là, à la poursuite de nos besoins et de nos désirs en apparence sans fin. Quand nous nous éveillons, même très brièvement, au mystère de ce que nous sommes, cette construction du soi apparaît tellement plus infime que toute l'étendue de notre être. Ce constat vaut aussi bien pour les pays et le monde que pour nous tous en tant qu'individus.

En définitive, ces instants de lucidité et les ouvertures qui peuvent les accompagner surgissent lorsqu'on cultive une intimité et une familiarité plus grandes moment après moment avec son corps et son esprit et qu'on prend conscience de l'interconnexion des choses au-delà de notre perception d'elles comme séparées ou déconnectées, et de notre attachement illusoire à la croyance qu'elles sont sous notre étroit contrôle et qu'elles existent pour notre seul bénéfice.

En réalité, notre plénitude et notre interdépendance peuvent se vérifier ici et maintenant, à tout moment, en nous éveillant et en prenant conscience que, de manière éminemment profonde, nous ne sommes pas distincts du monde que nous habitons. Comme nous l'avons vu, il existe mille et une façons de cultiver et de nourrir cet éveil par la pratique systématique de la pleine conscience. Toutes permettent de développer une conscience et une responsabilité plus universelles à l'égard de la santé du corps politique dans tous les sens du terme.

*

Lorsqu'on pratique la pleine conscience, qu'on regarde profondément en nous-mêmes, les états mentaux susceptibles d'être à l'origine de notre mal-être et de notre souffrance, les dynamiques de l'avidité, de la haine et de la non-conscience qui se manifestent de multiples manières dans le monde nous deviennent plus familiers et intimes. Nous finissons parfois par voir ou par sentir dans une certaine mesure comment, chacun à sa façon, nous pourrions contribuer à réduire plus efficacement la souffrance, à atténuer la souffrance, à transcender la souffrance – la nôtre et celle des autres – et à mettre fin aux *racines* humaines de cette souffrance, à l'intérieur comme à l'extérieur, partout où c'est possible.

Parfois nous nous rendons également compte qu'il est impossible d'être en parfaite santé ou en paix avec soi-même dans un monde malade et déchiré, où les êtres humains infligent tant de souffrances, directement ou indirectement, à leurs prochains, mais également à la Terre, faute de comprendre leur interconnexion, et souvent, semble-t-il, faute de sollicitude, y compris lorsqu'ils sont censés « savoir mieux ». Bien entendu, c'est un comportement largement répandu, mais qui peut être aussi modifié si nous consentons à effectuer un certain type de travail intérieur en tant qu'individu et en tant que société. Même l'étroitesse d'esprit endémique n'est pas une fatalité si l'on arrive à voir la valeur potentielle de ce qu'est apprendre à vivre et à agir différemment, en étant plus conscients de l'interdépendance et de l'interconnexion avec autrui, des vrais besoins et de la vraie nature de soi-même et d'autrui, en d'autres termes, si l'on apprend à reconnaître les verres déformants de l'avidité, de la peur, de la haine et de l'inconscience lorsqu'ils surgissent, sans les laisser obscurcir des éléments plus profonds et plus sains de notre être. Tout cela n'est possible que si nous sommes disposés à voir et à accueillir notre propre douleur et souffrance, en tant qu'individus, nation et espèce, avec conscience, compassion et un certain degré de non-réactivité, en les laissant nous parler et révéler de nouvelles dimensions d'interconnexion qui accroissent notre compréhension des causes profondes de la souffrance et nous obligent à étendre notre empathie au-delà de nos seuls proches. Cela signifie que les gens, où qu'ils se trouvent, doivent voir leurs besoins satisfaits et être libres de toute exploitation, injustice et avilissement. En d'autres termes, cela signifie que tous, où qu'ils se trouvent, doivent voir leurs droits humains fondamentaux protégés. Comme nous le savons, ce n'est malheureusement pas le cas aujourd'hui, chez nous comme dans un grand nombre de pays à travers le monde.

Il ne serait pas incongru d'employer la métaphore d'une maladie auto-immune pour décrire l'impact des êtres humains sur la planète, leur propre santé et leur bien-être en tant qu'espèce. On pourrait ajouter que nous n'arrêtons pas de nous faire nous-mêmes barrage. Nous passons notre temps à trébucher sur des obstacles que nous jetons sans le savoir sur notre propre chemin, en dépit de notre grande intelligence. Dans *L'Éveil des sens*, je suggère que tout ce que nous avons appris en médecine au cours de ces quarante dernières années sur la connexion corps/esprit et le pouvoir potentiellement curatif de la conscience/bienveillance peut avoir de profondes applications sur la manière dont nous comprenons et gérons le mal-être accablant dont souffre le vaste corps de notre nation et de ce monde unique. Les symptômes de ce mal-être s'étalent chaque jour dans les journaux, les chaînes d'information en continu, les débats radiophoniques et les fils d'actualités, défiant l'imagination et remettant même parfois en cause notre bon sens élémentaire.

Comme pour tous les autres aspects de l'exploration que nous avons entreprise – celle de la pleine conscience comme pratique méditative et façon d'être –, l'intérêt d'examiner le domaine du corps politique en lien avec la pleine conscience n'est pas d'inciter à changer ou à confirmer des points de vue, les nôtres ou ceux d'autrui. Cultiver la conscience dans notre vie n'implique pas d'adopter un certain nombre d'opinions ou une quelconque idéologie, bien que cela puisse paraître séduisant parfois. C'est plutôt l'occasion de voir les choses avec un regard neuf, entier, pour nous-mêmes, moment après moment. Ce que la pleine conscience peut nous *révéler*, c'est que nos opinions, comme toutes les opinions, *ne sont que des opinions*. Ce genre de prise de conscience peut nous permettre de les reconnaître pour ce qu'elles sont et d'éviter de nous laisser happer et aveugler, quel que soit leur contenu, y compris lorsque nous adoptons parfois en toute conscience des positions précises, que nous soutenons avec fermeté et conviction, puis mettons en œuvre. À cet égard, la pleine conscience nous invite à scruter le miroir de notre esprit, à comprendre nos attachements et à explorer des possibilités de guérison et d'investigation non reconnues, mais aussi d'élargissement de notre manière de voir les choses sans céder à une attitude réflexe partisane sur telle ou telle question. Ce rapport à l'expérience, à la réalité telle qu'elle est, est donc une invitation à changer complètement de regard, à expérimenter une rotation dans la conscience peut-être aussi vaste que le monde même, mais en même temps aussi proche que ce moment, que ce souffle, dans ce corps, dans cet esprit et ce cœur que vous et moi et nous tous portons sur le paysage de l'instant présent. C'est à la fois l'essence et le don de la pleine conscience comme pratique méditative formelle et façon d'être, de vivre.

L'objectif ici est également de nous rappeler qu'il n'y a rien de passif dans la conscience. Notre état d'esprit à tout moment et tout ce qui s'en écoule affectent le monde. Quand l'agir émerge de l'être, de la conscience, il y a de fortes chances qu'il soit plus sage, plus libre, plus imaginatif, plus créatif et plus prévenant, qu'il catalyse davantage de sagesse, de compassion et de guérison dans le monde et dans notre cœur. Parce que nous sommes tous des cellules du corps du monde, la mise en œuvre intentionnelle de la pleine conscience à différents niveaux de la société, et du corps politique, y compris à des degrés infimes, peut engendrer une vraie floraison, une véritable renaissance de la créativité et du potentiel humains, une expression de la santé profonde intrinsèque de notre espèce et de notre monde. C'est déjà le cas dans de nombreux domaines, d'infimes manières qui ne se révèlent en définitive pas si infimes que cela. La renaissance est déjà là.

Quand je suggère que le monde irait mieux si nous nous impliquions davantage dans son bien-être et que nous apportions plus de conscience au corps politique, il n'est pas question de prescrire un traitement particulier pour résoudre un problème particulier, ni même de décrire en détail les problèmes auxquels nous sommes confrontés et de blâmer des partis, des individus, des coutumes ou des modes de pensée particuliers, bien que la tentation soit forte à certains moments. Ma suggestion est davantage impressionniste, de la même manière qu'un tableau de ce courant artistique ne se révèle dans toute sa plénitude et sa profondeur qu'à la condition qu'on se tienne à une certaine distance pour le contempler, sans trop se préoccuper des touches individuelles de peinture. Elle se veut aussi délicieusement provocante, une invitation à défier d'un regard neuf nos suppositions, nos attachements, nos peurs les plus chères et peut-être nos points de vue et verres non examinés – un appel à prêter attention de différentes manières. C'est aussi un appel à examiner plus soigneusement la façon même dont nous percevons ou connaissons les choses, ou dont nous pensons percevoir ou connaître les choses. C'est une invitation à entreprendre l'investigation consciente du processus même par lequel nous forgeons des opinions, avant d'établir un lien solide entre notre identité (qui nous pensons être et à qui nous nous identifions) et ces opinions mêmes.

Enfin, c'est une invitation à imaginer de nouvelles métaphores pour mieux nous comprendre et nous situer dans le monde, mais aussi honorer les complexités réelles du monde réel sans perdre de vue que c'est l'esprit humain qui, dans une large mesure, a créé – on pourrait dire fabriqué et propagé – un grand nombre des problèmes auxquels nous sommes confrontés aujourd'hui en tant que pays et espèce et qu'ils sont, comme tout le reste, moins permanents, durables ou réels que ne le laisse penser notre esprit. Cette perspective à elle seule peut nous offrir de nouvelles manières de gérer ce qui semble souvent être des situations et des antagonismes insolubles. À ce stade, peut-être serait-il utile de rappeler deux phrases célèbres d'Albert Einstein : « La réalité n'est qu'une illusion, aussi tenace soit-elle. » Et : « Les problèmes qui existent dans le monde aujourd'hui ne peuvent être résolus par le niveau de pensée qui les a créés. » On devrait garder ces deux observations à l'esprit lorsqu'on cultive la pleine conscience face à la tourmente de la condition humaine.

De la même façon que l'esprit humain bâtit la notion réifiée d'un soi permanent, on pourrait dire qu'il fabrique la notion même de « monde réel », comme les contraintes que nous nous imposons généralement lorsque nous y réfléchissons et les options qui nous semblent possibles ou non. Si nous examinons avec une conscience affûtée la manière dont notre esprit perçoit, appréhende et conçoit notre soi et ce que nous appelons le monde, beaucoup de ces contraintes auto-imposées, illusoires, peuvent se dissiper, nous offrant de nouvelles façons d'agir fondées sur cette rotation dans la conscience.

C'est de notre pratique continue au fil des jours que découleront les modalités de ces actes. La mentalité qui consiste à vouloir simplement réparer les choses et tout corriger en imposant une « solution » ou une réforme particulière à laquelle on croit très fort a peu de chance d'être totalement efficace, même si ce genre d'efforts est important. Une guérison plus globale de nos façons de voir et d'être est également nécessaire. Mais elle exige une rotation dans la conscience de la part d'un grand nombre de personnes, pour ne pas dire de nous tous, et une volonté de reconnaître les choses telles qu'elles sont puis de travailler avec elles de manière imaginative en nous servant des vastes ressources et compétences qui nous sont accessibles à l'intérieur comme à l'extérieur. Au lieu d'espérer la venue d'un « sauveur » sous les traits d'un leader charismatique qui « agirait pour notre compte » ou « nous montrerait la voie », peut-être sommes-nous parvenus à un stade de notre évolution où nous devons dépasser une certaine vision de l'histoire régie par des personnalités héroïques et galvanisantes, aussi extraordinaires soient-elles, au bon comme au mauvais sens du terme, et trouver des moyens d'encourager des responsabilités et un leadership plus distributifs et coopératifs, de la même manière que le cœur, le foie et le cerveau ne se battent pas entre eux pour dominer l'organisme, mais œuvrent de concert pour le bien-être intégré de l'ensemble, comme les milliards de cellules individuelles qui forment un corps humain en bonne santé.

Après avoir diagnostiqué l'omniprésence fondamentale de *dukkha*, que nous pourrions aussi appeler « stress mondial », dans toutes ses acceptions et connotations, et saisi une partie des causes sous-jacentes de *dukkha*, si un traitement contre les difficultés que connaît notre espèce actuellement s'avérait nécessaire, il serait générique : que toute personne, aussi étrange que cela puisse paraître, touchée par le dilemme auquel nous sommes confrontés en tant qu'espèce et société, se mette à cultiver la pleine conscience, comme pratique et façon d'être ; que nous appliquions la pleine conscience avec grâce et douceur à chaque aspect de notre vie et de notre travail, sans savoir ni nous préoccuper de savoir ce qu'il en ressortira, qui que nous soyons, quels que soient notre travail et notre vocation ; et que nous la pratiquions et l'incarnions du mieux possible, individuellement et collectivement, comme si notre vie et notre monde même en dépendaient.

Car la façon dont nous choisissons de vivre et d'agir moment après moment influence le monde de manière modeste mais en définitive immensément bénéfique, en particulier si la motivation qui nourrit nos choix est saine et éthique et que les actes mêmes sont sages et compatissants. Ainsi, la guérison du corps politique peut évoluer sans contrôle ni direction rigide, grâce à l'action et aux efforts indépendants et interdépendants d'un grand nombre de personnes et d'institutions différentes, dont les perspectives, les objectifs et les intérêts peuvent être riches et variés, mais qui partagent également un intérêt commun et potentiellement fédérateur, celui du plus grand bien-être du monde. C'est ce que la politique au sens le plus noble du terme devrait promouvoir et protéger.

Bien entendu, tout le monde ne va pas s'empresser de pratiquer la pleine conscience, ni à court ni à long terme. Mais, petit à petit, comme cela se produit depuis des années, par de multiples chemins improbables voire inconcevables jusqu'ici, ceux qui choisissent cette voie vers une sagesse et un équilibre plus grands ne cessent d'augmenter, à la fois en nombre et en influence potentielle. Comme nous tous aujourd'hui, les prochaines générations – en tant qu'individus, nations et espèce – disposent d'une occasion remarquable : celle de réaliser pleinement le potentiel de notre créativité et de notre aptitude à voir clairement, et de les mettre au service de la plénitude, de la guérison et de l'inclusivité. Nous pouvons les mettre au service de ce que nous prétendons tous désirer par-dessus tout, de ce qui est le plus susceptible de nous offrir le sentiment d'être heureux et en sécurité : la justice, la compassion, l'équité, l'absence d'oppression, les mêmes chances de vivre pleinement et bien, et donc la paix, la bienveillance et l'amour – pas seulement pour nous-mêmes ou pour ceux à qui nous nous identifions le plus, mais pour tous les êtres humains, tous les êtres sentients, auxquels nous sommes inextricablement liés de multiples façons, à la fois vitales et fertiles.

Nous sommes à un moment unique de notre histoire, à un point de bascule majeur. Qu'elle soit évolutionnaire ou révolutionnaire, voire les deux, notre époque offre de singulières opportunités qu'il s'agit de saisir et d'employer à chaque souffle. Il n'y a qu'une manière de nous y prendre. En incarnant dans nos vies qui se déploient ici et maintenant nos valeurs les plus profondes et notre compréhension de l'essentiel – et en les partageant entre nous, convaincus qu'avec le temps ces actions incarnées, même à l'échelle la plus modeste, entraîneront le monde vers une sagesse et un équilibre mental et corporel plus grands.

C'est tout un programme ! Mais, encore une fois, qu'avons-nous de mieux à faire de notre unique, sauvage et précieuse vie ?

« Vous avez lu les journaux aujourd'hui ? »

J'allume le poste de télévision, prends le journal, ou parfois mon téléphone portable, et je me mets à parcourir les actualités. L'enchevêtrement de forces en jeu dans le monde est déconcertant. L'esprit et le cœur sont immédiatement bombardés de souffrances, d'analyses et d'opinions confuses et sans fin revêtant de multiples formes et perspectives. Nous qui ne sommes pas des experts en relations internationales, en politique, en économie, en sciences sociales, en justice pénale ou même en histoire, comment sommes-nous censés saisir à la fois l'ampleur et les détails de ce qui se passe réellement, voire leur sens ultime ? Le récit que nous soumettent les médias aujourd'hui s'apparente à un immense torrent tumultueux : qui a dit quoi, qui a fait quoi, à quel moment, qui savait ou ne savait pas quoi, qui est allé où, qui a répondu à quoi et comment ? Un récit similaire nous a été proposé hier. Un autre le sera demain. Pourtant, aucun ne correspond exactement à la réalité. Ce sont des *visions* de ce qui s'est passé, limitées par de multiples paramètres, certains connus, d'autres dont nous ne nous doutons peut-être même pas, « tramées » pour l'essentiel par des spécialistes et des politiciens dont l'objectif est d'obtenir ou d'éviter tel ou tel effet. La frontière entre faits et opinions est de plus en plus floue et le besoin de clarté et de discernement, quand nous les absorbons, de plus en plus essentiel – si tant est que nous choisissions de tout absorber, compte tenu de la toxicité de l'ensemble. En réalité, il y a tant d'histoires contradictoires qui passent pour des « actualités » que nous vivons dans des bulles de désinformation et d'opinions relatives, qui ne nous laissent que le choix de la bulle à laquelle nous voulons être affiliés, même si certaines semblent, du moins en théorie, plus attachées à un minimum d'exactitude et de véracité que d'autres. Un jour, nous assistons à la séparation forcée de familles aux États-Unis, terre des libres et des braves. Ce qui était impensable devient alors réalité. Nous y sommes. Mais, en réalité, tout au long de notre histoire, nos gouvernements, et même la Cour suprême, ont pris et cautionné des décisions horribles. Notre passé n'est pas exactement le récit triomphaliste dont nos manuels scolaires nous ont nourris. Des citoyens se sont toujours élevés pour protester contre l'injustice, souvent au péril de leur vie. Mais ce récit-là n'a été enseigné dans nos écoles qu'assez récemment[14].

On peut glaner pas mal de choses en parcourant les actualités, quelle que soit la manière dont elles nous parviennent, en chaussant les verres de notre sagesse et de notre discernement. Que nous en soyons conscients ou non, nous bâtissons en permanence les images et les opinions que nous inspirent le monde et ce qui s'y passe à partir de ce flux incessant d'informations partiales auquel on peut devenir aisément dépendant, même s'il est possible de s'exaspérer ou de s'indigner de certaines situations, en fonction, bien entendu, de qui l'on est, de ce qui nous préoccupe, ou même de ce qu'on est prêt à entendre ou qu'on ne peut

---

14. Voir, par exemple, Howard Zinn et Anthony Arnove, *Voices of a People's History of the United States: 10th Anniversary Edition*, New York, Seven Stories Press, 2004, 2009. Également, les programmes d'histoire américaine disponibles sur le Zinn Education Project (ZEP), site Internet : http://www.zinnedproject.org.

s'empêcher d'admettre. Nos yeux qui parcourent les journaux ou l'écran dans notre paume emplissent l'esprit d'autant de détails aléatoires que d'histoires ou d'analyses cohérentes, d'où découlent nos pensées, nos émotions réactives et toutes les opinions que nous forgeons, qui tendent à proliférer à l'infini. Le fait de regarder les actualités à la télévision ou de les écouter à la radio a plus ou moins le même résultat. Au bout d'un certain temps, quelle que soit la manière dont nous les absorbons, elles deviennent un régime constant, mais pauvre. Car c'est l'histoire de *dukkha* dans ses formes infinies que nous propose l'essentiel de l'actualité. On n'y trouve guère de quoi se consoler.

En vérité, il y a largement de quoi se consoler, mais il faut le rechercher et l'écouter attentivement.

Les informations changent quotidiennement, pourtant elles offrent une certaine similitude au fil des jours, des semaines, des mois, voire des années… ce sont juste des informations. En définitive, il est difficile de savoir quoi en faire, comment les accueillir et comment y répondre. Elles sont extrêmement crues et, en même temps, très abstraites et impersonnelles – du moins, jusqu'à ce qu'elles deviennent horriblement personnelles. Il est difficile de savoir quoi penser, ce qui se passe réellement et quelles histoires croire. En tout cas, cela me semble difficile. Très difficile. Au-delà des faits de base – bien qu'en général ces derniers soient aussi âprement et grossièrement contestés à notre époque, comme sans doute à toutes les époques –, peut-être est-ce tout simplement impossible.

De plus, à un niveau ou à un autre, subtil ou moins subtil, le flux incessant d'actualités dans lequel nous sommes immergés, très souvent piraté par différentes sources déterminées à perturber et à faire basculer l'ordre social, stimule – intensément – les pensées dans notre esprit. Nous devons être beaucoup plus attentifs à ce fait et à ses conséquences méconnues sur nos émotions, nos opinions et nos suppositions tacites. En cultivant la pleine conscience, on se rend immédiatement compte que nos pensées, même à leur meilleur niveau, ne sont qu'une des nombreuses formes d'intelligence humaine (somatique, émotionnelle, cognitive, intuitive, interpersonnelle, sociétale...) et qu'il est préférable de les observer à la lumière de la conscience et de les reconnaître *en tant que pensées* plutôt que de les percevoir comme des faits réels. Lorsqu'on est conscient, on peut se surprendre à former des opinions, parfois très arrêtées, et de fortes émotions face au flux d'informations dans lequel on est immergé. On peut reconnaître ce qui se passe à l'instant même ou peu après. C'est une manière de préserver délibérément la clarté et l'équanimité face à cet assaut permanent, notamment lorsqu'on est confronté à de profondes crises de conscience ou à des dilemmes moraux qui peuvent ébranler jusqu'à nos fondations mêmes, par exemple lorsque des enfants et leurs professeurs sont abattus dans des établissements scolaires, une situation inconcevable devenue pourtant douloureusement fréquente, qui révèle un malaise profond dans notre société.

Au quotidien, le flux d'informations peut stimuler de profonds sentiments d'anxiété et d'insécurité en nous, mais aussi de la colère et du ressentiment. Lorsqu'on se soumet à ce régime constant, le corps se contracte sous l'effet de tensions difficiles à dénouer. Par ailleurs, cette vague déferlante dans laquelle nous baignons peut aussi stimuler l'apathie, le cynisme, la sensation d'être submergé, l'impuissance ou la déprime. L'avez-vous remarqué ?

Les gros titres d'aujourd'hui seront dépassés demain. Pourtant, nous participons à l'histoire en devenir chaque jour que nous choisissons d'y goûter. À ceci près qu'on n'appelle pas cela de l'histoire. On appelle cela être en vie. Et ce flux se déploie désormais à un rythme de plus en plus rapide, au point d'être indigeste et incompréhensible.

Et même si elles peuvent sembler lointaines, impersonnelles et gigantesques, les informations peuvent être façonnées par la manière dont on les « consomme », dont on les accueille et dont on prend position, surtout si on choisit d'y répondre en agissant, même très modestement, sur la base de nos valeurs humaines essentielles. Souvenez-vous : lorsqu'un esprit change, c'est toute la trame de l'univers qui change un peu. Un peu ? Oui. Trop peu ? Non. Ce qui peut sembler « peu » ne l'est pas tant que cela et, surtout, n'est pas négligeable. Cela peut même être immense. Les conséquences en aval se révèlent parfois étonnamment importantes. À notre époque, une seule personne équipée d'un smartphone peut filmer une rencontre qui sera vue des millions de fois à travers le monde grâce aux réseaux sociaux. C'est une nouvelle manière de prendre position. De témoigner. Participer ainsi, se positionner au cœur des événements qui se déploient, constituer soi-même un réseau d'informations à la portée potentiellement vaste devient un acte politique. Les spécialistes des sciences du chaos et de la complexité savent pertinemment que dans tout système élaboré, dynamique et non linéaire, comme la météorologie, l'activité humaine ou le processus même de la pensée, le plus infime mouvement, la plus infime perturbation peut entraîner des changements d'ampleur gigantesque, parfois d'ailleurs à des distances étonnamment grandes de l'événement d'origine. Dans le champ de la météorologie, mais aussi de manière plus générale aujourd'hui, ce principe est connu sous le nom d'« effet papillon », car il paraît que le battement des ailes d'un papillon en Chine peut déclencher des tempêtes un peu plus tard en Nouvelle-Angleterre ou dans d'autres lieux éloignés. De même, comme nous l'avons vu dans *L'Éveil des sens*, des mouvements infimes mais profonds dans notre corps ou notre esprit peuvent, au fil du temps, entraîner des guérisons majeures. C'est également valable pour le corps politique. Le destin de l'humanité et de tout ce que nous chérissons pourrait bien en dépendre. Les signes de cette guérison se déploient chaque jour sous nos yeux.

Mais, me demanderez-vous, comment pouvons-nous nous relier aux actualités consciemment et agir de manière responsable face à l'ampleur de cette vague et au rythme infernal auquel elle nous parvient ? Nous sommes soumis à un déluge permanent d'informations, de désinformations, d'informations partiales, d'informations biaisées, d'informations conflictuelles et d'opinions variées sur tous les aspects de toutes les questions, certaines apparemment générées par des robots, c'est-à-dire des programmes informatiques, non humains, bien que conçus par des humains – un des signes de l'invasion croissante des algorithmes et du big data dans nos vies.

Vu d'un angle à peine différent, on pourrait dire que, quelles que soient les sources d'informations auxquelles nous recourons, nous sommes exposés à ce qui se résume souvent à un éventail très étroit de points de vue et de perspectives. Si vous en doutez, il vous suffit de jeter un coup d'œil à la presse moins populaire ou aux articles des médias étrangers, en observant notamment, pour ces derniers, comment les autres nations perçoivent notre pays, mais aussi les événements et les situations dans lesquels nous sommes impliqués.

Vous parlez d'un système complexe ! Comment sommes-nous censés comprendre et nous relier à ce flux incessant de récits qui se déploie ici ou là, voire d'«événements» qui peuvent ne s'être jamais réellement produits? Et comment sommes-nous censés nous relier au fait que ce flux d'informations, dans une certaine mesure, nous affecte profondément, même si nous n'y prêtons guère attention? Il sature l'atmosphère, le paysage, y compris mental. Il peut nous épuiser. Nous anesthésier. Éroder peu à peu notre dignité, notre empathie et notre intégrité, que nous en soyons conscients ou non et que cela nous plaise ou non. Un des moyens de nous prémunir délibérément contre ce phénomène pourrait être de repérer les tendances plus vastes qui semblent se répéter à l'infini au sein de ce flux plutôt que de nous laisser hypnotiser par l'écume et les embruns des détails individuels, aussi fascinants, exaspérants ou effrayants soient-ils.

Par exemple, nous pourrions nous demander ce qui, au sein de ce flux incessant d'informations, représente et démontre la santé éclatante de notre nation et du monde. Qu'est-ce qui va bien chez nous, plutôt que mal? Nous savons que le fait même que ces informations nous sont accessibles est crucial comparé aux sociétés où la liberté de la presse n'est pas un principe supposé sacré inscrit dans la Constitution, bien qu'elle soit exposée à des attaques généralisées, voire organisées, chez nous. Et, en parallèle, nous devrions également nous demander quelle proportion de ce qui nous parvient sous forme d'informations révèle le mal-être de notre nation et du monde. Et, *a contrario*, quelle proportion masque le mal-être sous-jacent et dissimule ses symptômes.

À chacun de se forger une opinion, non qu'il y en ait à profusion. Manifestement, il n'existe pas de point de vue général «juste», pas de vision unique absolue, pas une seule manière de tout voir, tout connaître ou tout comprendre, comme il n'existe pas une seule façon de considérer et de se relier au paysage intérieur de notre vie – les paysages sensoriel, mental et corporel que nous avons expérimentés directement à travers les pratiques en pleine conscience proposées dans *L'Éveil des sens*, que, je l'espère, vous continuez à cultiver dans votre vie de manière disciplinée, aussi difficile que cela puisse vous sembler à certains moments. Car toutes nos expériences, intérieures et extérieures, sont le reflet de la complexité et du dynamisme de l'aventure humaine et, en définitive, les produits de l'esprit humain et du cœur humain en action et trop souvent, malheureusement, en conflit, y compris intérieur.

À tout moment, au sein de la vaste diversité des événements, il y a des gens, en général une petite minorité, qui sont prêts, de manière éhontée et flagrante, à contourner, enfreindre ou tenter de réécrire le droit dans leur propre intérêt ou dans celui de leur communauté. Ce courant a toujours existé partout en politique. Et puis, il y a tous ceux qui sont radicalement privés de droits et de pouvoir, qui semblent à la merci totale de forces qu'ils n'ont pas choisies et qui leur échappent totalement – jusqu'au jour où ils surprennent le monde, comme en Afrique du Sud et dans un nombre incalculable d'autres pays, et parviennent à provoquer ce qui semblait impossible le moment d'avant, sans recourir à la violence[15]. Et il y a ceux d'entre nous, la vaste majorité dirais-je, qui dans nos pays ont peut-être le sentiment de contrôler les choses de manière modeste (mais néanmoins essentielle) et qui

15. Bien que l'héritage de Nelson Mandela soit loin d'être à la hauteur de l'optimisme qui a suivi la fin remarquablement paisible de l'apartheid en 1994. Un quart des Sud-Africains vivent encore dans une pauvreté extrême et l'ANC au pouvoir est profondément corrompu. Voir https://www.dailymaverick.co.za/opinionista/2017-07-18-mandelas-legacy-can-heal-the-festering-wound-of-the-past/ ; https://www.nytimes.com/2018/09/30/world/africa/south-africa-anc-killings.html.

tentent simplement de gérer leur vie au fil des jours avec un minimum de stabilité et d'honnêteté, en accomplissant leur travail et en prenant soin de leur famille, en tâchant de savoir ce qui se passe et ce qu'il est important de savoir à notre époque étourdissante de changements, en se souciant sincèrement de la santé du monde et en éprouvant ses souffrances. En parallèle, nous sentons, ressentons et savons que nos vies sont profondément affectées par ce qui se passe dans le monde sur le plan politique, économique, psychologique, environnemental ou spirituel parce que nous sommes intégrés à ce monde, parce que nous en faisons partie et qu'il n'est pas distinct de nous. « Souffrir », du latin *suffere*, signifie porter, supporter. Nous portons assurément le monde en nous et sur nos épaules, dans une certaine mesure. Et nous souffrons. Parfois, c'est très dur à supporter.

Comment équilibrer notre expérience du monde extérieur – lorsqu'on le perçoit directement à travers nos sens, mais aussi, dans une très large mesure, indirectement à travers les informations et les vastes développements politiques, économiques, sociaux et par-dessus tout technologiques qui influencent et façonnent nos vies – et de notre monde intérieur, les deux étant si interconnectés qu'ils ne sont pas réellement séparés ? Devrions-nous minimiser notre exposition à l'extérieur, bien que notre vie en soit affectée, que nous y prêtions attention ou non ? Devrions-nous faire plus attention ? Devrions-nous faire attention différemment ? Ce sont les défis auxquels nous sommes confrontés si nous voulons cheminer dans le monde d'aujourd'hui *sans* renoncer complètement à la « vie profane », comme le font les moines dans certaines traditions.

En revanche, y renoncer de temps en temps, mettre régulièrement les informations sur « pause », peut être immensément réparateur. C'est ce que certains appellent le « jeûne médiatique ». Le Dr Andrew Weil, pionnier de la médecine intégrative à la faculté de médecine de l'université d'Arizona, le recommande à ses patients. Pour ma part, après une retraite méditative de dix jours ou un séjour dans la nature, force est de constater que rien n'a changé dans le monde, même si de grands événements ont bien eu lieu. Il y a plusieurs années, j'ai raté l'invasion de l'Afghanistan alors que je participais à une retraite de six semaines. Je pourrais dire, en un sens, que je n'ai rien raté. Réfléchissez en termes de siècles et vous comprendrez peut-être mieux ce que je veux dire.

Face à un monde de plus en plus petit et conflictuel, un vers de Ryokan, le poète ermite japonais du XVIIIe siècle, me revient sans cesse à l'esprit : « Pas de nouvelles des affaires humaines. » Comme il est agréable de ne pas avoir de nouvelles des affaires humaines de temps en temps. Comme c'est libérateur. Aujourd'hui, personne ne se souvient des affaires politiques et des nouvelles de l'époque de Ryokan, et peu de gens, en dehors de quelques historiens du Japon de cette époque précise, s'en soucieraient. En revanche, plusieurs siècles plus tard, Ryokan, qui vivait en ermite, mendiait sa nourriture dans les villes, jouait avec les enfants des villages sous le regard méprisant des anciens et ne faisait rien qui soit digne d'entrer dans l'histoire, est toujours présent dans les mémoires et révéré dans le monde entier pour sa poésie et sa sagesse. Voici le poème intégral :

Ma cabane est au milieu d'une forêt dense
Chaque année le lierre verdoyant pousse un peu plus.
Pas de nouvelles des affaires humaines,
Hormis le chant occasionnel d'un bûcheron.

Le soleil brille et je reprise ma robe.
Quand apparaît la lune, je lis des poèmes bouddhistes.
Je n'ai rien à rapporter à mes amis.
Si vous voulez trouver le sens, cessez donc de courir
après tant de choses.

Cesser de courir après tant de choses… voilà un conseil qui mériterait d'être pris à cœur. Jusqu'à quel point, c'est à chacun d'en décider, selon ce que nous sommes, ce que nous chérissons par-dessus tout et ce que nous savons de nous-mêmes.

Rappelez-vous les vers de Rumi, il y a neuf cents ans :

Les nouvelles qu'on nous rapporte sont lourdes de chagrin
pour l'avenir,
mais la vraie nouvelle ici,
c'est qu'il n'y a aucune nouvelle.

Et la poignante mise en garde de William Carlos Williams dans *Asphodèle* :

Il est difficile
de s'enquérir des nouvelles au moyen des poèmes
pourtant des hommes meurent misérablement chaque jour
par manque
de ce qu'on y trouve.

Les Français ont un dicton : « Plus ça change, plus c'est la même chose. » Ce n'est pas tout à fait faux. Pourtant, quand nous portons la conscience sur l'instant présent, à tout moment, cet instant est déjà clairement différent par ce geste même. Le simple fait de témoigner change tout. C'est le pouvoir de nommer ce qui est, d'offrir la parole à ce qui est, et de demeurer dans la conscience, en prenant une position morale, une position éthique, en s'alignant avec ses principes, en incarnant ses vérités, sans forcer quoi que ce soit à être différent, mais sans reculer non plus devant la nécessité de témoigner, y compris face à une force physique écrasante, à la pression sociale et peut-être aussi à nos propres peurs.

Juste témoigner change tout. Gandhi le savait. Martin Luther King le savait. Jeanne d'Arc le savait. Tous trois ont déplacé des montagnes à la force de leur conviction, et tous trois l'ont payé de leur vie, ce qui n'a fait que déplacer encore davantage les montagnes. Ils ne « couraient pas après tant de choses ». Mais ils défendaient, avec toute leur détermination, ce qu'ils savaient au fond d'eux-mêmes. Et ils le savaient avec leur cœur au moins autant qu'avec leur tête. Comme tant d'autres, souvent anonymes, qui ont façonné et changé l'histoire au fil des siècles.

Il n'est pas nécessaire de renoncer à sa vie pour témoigner de l'injustice et de la souffrance et tenir tête aux puissants. Et comme ces trois personnages qui, parce qu'ils étaient humains, avaient leurs imperfections, vous non plus n'avez pas besoin d'être parfait, quoi que cela puisse signifier, pour prendre position de manière éthique et exprimer votre vérité face à l'injustice et au pouvoir qui la soutient. Être humain est suffisant. Bien entendu, l'intégrité et l'honnêteté sont indispensables si nous voulons être fidèles à nous-mêmes et à l'appel des situations dans lesquelles nous nous trouvons à tout moment. Plus nous témoignons en habitant une conscience chaleureuse, plus nous en faisons un mode de vie et plus le monde change – car nous ne sommes ni plus ni moins que le monde. Mais il s'agit parfois, le plus souvent, d'un processus long, lent – le travail de plusieurs générations. Pourtant, parfois, un point de bascule apparaît alors que rien ne le prédisait, y compris l'instant d'avant. Les choses se mettent alors à changer, elles pivotent, se transforment, deviennent orthogonales – et très vite.

Toutefois, on ne peut s'attendre à ce qu'un tel phénomène se produise à court terme. Il faut beaucoup de patience et de tolérance pour ne pas se détourner des souffrances du monde, sans pour autant être submergé, ou détruit, par leur ampleur. Il faut beaucoup de patience et de tolérance pour ne pas croire qu'on peut tout réparer d'un coup de baguette magique ou tout remettre dans l'ordre en investissant simplement de l'argent dans ce que nous considérons comme un problème, en tentant peut-être d'acheter de l'influence ou des allégeances, comme très souvent en politique, ou d'imposer nos propres valeurs à autrui. La clarté et la paix ne viennent pas aisément aux individus, encore moins aux sociétés. En un sens, nous devons œuvrer à cultiver continuellement les états mentaux et l'attention qui *nourrissent* réellement la clarté et la paix, l'altruisme et la bienveillance, même si ces qualités, vues sous un autre angle, font partie de nous et nous sont accessibles dans leur plénitude à cet instant même et, en réalité, à cet instant seul. Par ailleurs, nous devons reconnaître nos propres tendances à tomber dans les certitudes, l'arrogance, l'agressivité, la séparation, la domination ou l'indifférence pour ne pas nous laisser happer et, ironiquement, aveugler.

Ce qui vaut pour le monde intérieur vaut également pour le monde extérieur. Accéder à la paix, changer d'avis, de valeur ou de sentiment, selon le poète-fermier Wendell Berry, est une pratique. « Sans la pratique, précise-t-il, changer de sentiments ou de valeurs n'est qu'un luxe superflu de plus dans un mode de vie consumériste et passif. » Mais c'est une pratique que nous devons développer par nous-mêmes, puisqu'il n'existe pas de mode d'emploi. Pas plus qu'il n'existe de bonne méthode, comme en méditation ou en amour. Mais en nous fiant à notre intelligence et à notre capacité à lire entre les lignes et à ne pas céder à l'attrait de ces états mentaux fondamentalistes dont nous pouvons devenir si facilement la proie – penser uniquement à maximiser nos propres gains ou plaisirs (ce que nous appelons l'« avidité »), tomber dans l'aversion de ce que nous n'aimons, ne voulons ou ne respectons pas (ce que nous appelons la « haine ») et oublier qui et ce que nous sommes au plus profond de notre être, qui et ce que sont les autres, mais aussi notre pays (ce que nous appelons « illusion », « ignorance » ou « inconscience ») –, nous pourrons faire la différence, de manière cruciale, aussi modeste que nous paraissent notre vie et notre champ d'énergie à côté des forces plus vastes qui affectent le monde. Et, en ouvrant notre cœur par cette exploration intérieure, par la *pratique*, nous devenons des exemples les uns pour les autres, nous nous inspirons les uns les autres, amplifiant ainsi notre présence et notre influence potentiellement transformatrices et curatives dans les domaines d'activité qui nous attirent.

Les choses changent et ce n'est *pas* toujours *la même chose*, la même histoire. Notamment si vous avez l'intention de modifier le récit en vous éveillant et en restant éveillé, sans perdre de vue ce qui est important, en partageant votre beauté avec les autres et en reconnaissant la leur, aussi différente qu'elle puisse vous sembler, quelle que soit la manière que vous choisissez d'y accéder, dans votre zone de confort, et peut-être bien au-delà parfois. Les actes d'intégrité et de bonté incitent les autres à les imiter. Un grand nombre d'actes fondamentalement bienveillants et de projets humains importants s'épanouissent de petites et grandes manières dans le monde entier. Chaque offrande, aussi modeste soit-elle, sert à la fois de miroir et de phare, reflétant toutes les offrandes similaires de bienveillance et de sagesse, et projetant sa lumière en tous sens.

Si nous examinons l'histoire humaine, nous constatons qu'un cœur bon est la clé pour réaliser ce que le monde considère comme de grands accomplissements, dans les domaines des droits civiques, du travail social, de la libération politique et de la religion, par exemple. Une vision et une motivation sincères n'appartiennent pas exclusivement à la sphère religieuse ; elles peuvent être générées par quiconque se soucie sincèrement des autres, de sa communauté, des pauvres et des nécessiteux. En résumé, elles émergent lorsqu'on se préoccupe profondément du bien-être de la plus vaste communauté, c'est-à-dire le bien-être d'autrui. Les actes qui résultent de ce genre d'attitude et de motivation entreront dans l'histoire comme bons, bénéfiques et utiles à l'humanité. Aujourd'hui, quand nous tombons sur de tels actes dans les livres d'histoire, bien que les événements soient révolus et ne soient plus que des souvenirs, ils continuent à nous rendre heureux et à nous réconforter. Nous nous rappelons avec un sentiment profond d'admiration que telle ou telle personne a effectué un travail à la fois noble et grand. On peut également voir quelques exemples d'une telle grandeur dans notre génération.
D'un autre côté, notre histoire ne manque pas non plus d'individus qui ont commis des actes extrêmement destructifs et nocifs : tuer et torturer, infliger des tourments et des souffrances indicibles à des multitudes de gens. Ces incidents peuvent être considérés comme le reflet du côté sombre de notre héritage humain. Ce genre d'événement ne survient qu'en présence de haine, de

colère, de jalousie et d'avidité démesurées. L'histoire du monde n'est que le registre collectif des conséquences des pensées négatives et positives des êtres humains. Ceci, je pense, est très clair. En se penchant sur le passé, on peut voir que si nous souhaitons un avenir meilleur et plus heureux, nous devons examiner notre état d'esprit présent et réfléchir au mode de vie que cet état d'esprit engendrera dans l'avenir. On ne saurait trop insister sur le pouvoir omniprésent de ces attitudes négatives.

Tenzin Gyatso, 14e dalaï-lama
Les Voies spirituelles du bonheur

Se rappeler que les certitudes ne font pas avancer les choses

En parlant d'attitudes négatives, même lorsque je m'applique à cultiver l'équanimité et l'espace, je note combien il est facile de céder aux certitudes et à l'indignation dès lors que je pense aux choses qui me déplaisent dans le monde, surtout lorsqu'elles semblent résulter de l'activité ou de l'inactivité des êtres humains. Je me surprends à « personnaliser » un phénomène qui, en réalité, est bien plus vaste que les personnes en cause, même si des individus précis jouent des rôles divers, et parfois horribles, dans ce qui survient à tout moment. Je songe notamment aux profondes injustices, aux inégalités sociales et à l'exploitation d'une multitude de gens et de ressources naturelles, souvent masquées par le détournement et la corruption du langage, qui permet difficilement de saisir ce qui se passe, les mots mêmes se muant en une sorte de novlangue surréelle. Mais également aux conséquences sans fin de guerres interminables livrées pour des objectifs douteux et par des moyens infâmes. Aux dirigeants qui donnent le sentiment d'être prêts à mentir effrontément, à dissimuler, à falsifier, à intimider, à manipuler, à nier, à étouffer, à acheter, à justifier tout ce qu'ils font, et à faire tout ce qui leur semble nécessaire pour atteindre ces objectifs douteux. Sans oublier la concentration toujours plus importante de pouvoir, d'influence et de richesses entre les mains d'un petit nombre de gens et de géants de l'économie, qui agissent souvent comme si leurs profits, leur croissance et leur puissance primaient sur tout, y compris sur la loi.

Et puis je me rappelle : même si, dans une certaine mesure, tout cela est vrai, et j'insiste bien, *dans une certaine mesure*, le plus souvent supposée mais en grande partie inconnue, mon attitude pose au moins deux problèmes. Le premier est relatif à la personnalisation et le second aux certitudes.

Je note que les tornades et les tempêtes ne m'inspirent jamais de telles certitudes. Tout comme les victimes, les destructions et les pertes causées par les inondations, les feux de forêts naturels ou les tremblements de terre, malgré le nombre parfois impressionnant de vies perdues et la détresse colossale qu'ils peuvent entraîner dans leur sillage. Certes, ce genre d'événements m'inspire des émotions, notamment de la tristesse, de l'empathie, de la compassion et un profond désir d'apporter une aide à la mesure de mes capacités. Mais pas de certitudes. Pourquoi ? Je suppose que c'est parce qu'il m'est impossible de blâmer qui que ce soit ou de faire des procès d'intention. Les tremblements de terre surviennent, ni plus ni moins. Tout comme les tsunamis, les tempêtes et d'autres « catastrophes naturelles[16] ».

Mais dès qu'un « eux » se profile à l'horizon (« Ils auraient dû… », « Ils n'auraient pas dû… », « Comment ont-ils pu… » ou « Pourquoi ne font-ils pas… »), dès qu'une action se profile à l'horizon, teintée potentiellement de malveillance, d'ignorance, d'avidité, d'irresponsabilité ou de duplicité, alors le réflexe de

---

16. Bien entendu, nous savons à présent que le réchauffement climatique dû à l'activité humaine est une cause directe des tempêtes plus fréquentes et violentes, des inondations plus fréquentes et violentes liées à la montée du niveau de la mer et des feux de forêts plus fréquents et violents dans le monde.

la colère, des certitudes et des procès d'intention, le besoin de faire d'« eux » le problème, voire de les déshumaniser, émerge et bourgeonne en moi. Surtout quand je sens que « j' » ai raison, que mon opinion est ancrée dans la vérité, que « je » sais ce qui se passe et que je peux déployer une multitude de preuves en faveur de mon point de vue. Ou que je « sais » qu'« ils » détournent, voire enfreignent la loi, abrogent des mesures de protection de l'environnement, foulent aux pieds la Constitution, tyrannisent et corrompent d'autres pays ou concentrent systématiquement un pouvoir, une influence et une richesse illégitimes, profitant éhontément de leur position de serviteurs de l'État. Et mes certitudes ne souffrent aucune discrimination – elles peuvent condamner des gens de tous bords, de toutes les cultures, sur toutes les questions, même si je ne les connais pas et que leurs traditions et leurs mœurs m'échappent.

Mais mes certitudes posent un autre problème. Tout ce que je désapprouve se répète depuis des siècles. Je note, en parcourant attentivement les grandes dates de la Chine ancienne dans une anthologie de Tchouang-tseu, l'auteur du poème cité à la fin de ce chapitre, qu'aux alentours de 2205 av. J.-C., un homme nommé Yu est qualifié de « vertueux fondateur de la dynastie Xia », puis qu'en 1818 av. J.-C., quatre siècles plus tard, un homme nommé Jie apparaît comme « le fossoyeur dégénéré de la dynastie ». Le monde a toujours connu des cycles de relative tranquillité et de désordre majeur, de relative sécurité et d'insécurité généralisée, de relative honnêteté dans les affaires publiques et de malhonnêteté flagrante, de relative bonté et d'actes absolument mauvais. On peut personnaliser les choses, les reprocher à des êtres particuliers ou même les prendre pour soi, mais le problème est beaucoup plus profond. Peut-être sommes-nous tous les acteurs d'un rêve qui ne s'achève qu'à l'instant où nous prenons conscience que c'est nous-mêmes qui l'entretenons et qu'il importe de nous éveiller. Tous les personnages cauchemardesques s'évanouiront alors d'eux-mêmes, cessant d'alimenter le rêve dans un sens particulier.

Est-ce que nous voulons perpétrer ce cycle en choisissant notre camp dans l'éternel combat du « pour » et du « contre » et défendre la meilleure issue temporaire possible en demeurant dans le rêve, bien que nous soyons voués tôt ou tard à retrouver le « fossoyeur dégénéré » sous la forme d'un Hitler, d'un Staline, d'un Pol Pot, d'un Saddam Hussein, d'un Pinochet ou d'une autre horrible incarnation, voire d'un spasme d'ignorance sans visage capable de propager les virus de la peur, de la haine et de la cupidité chez des peuples vulnérables et insatisfaits ? Ou est-ce que nous voulons nous éveiller et donc atténuer, peut-être même clore définitivement ces cycles en nous ouvrant à une compréhension totalement différente, orthogonale, du rêve même, de la racine du mal-être, et en cherchant des moyens de catalyser un équilibre dynamique plus sain susceptible de faire émerger de nouvelles façons de contenir ces élans mentaux plus autocentrés, avides et aversifs qui conditionnent une grande partie de nos actes individuels, et par conséquent collectifs, et qui, tôt ou tard, semblent nous replonger inévitablement dans une forme de sommeil ou de transe ? À moins que ni l'un ni l'autre ne soient souhaitables, mais les deux à la fois, parce qu'il ne s'agit pas de deux aspects distincts du monde mais, paradoxalement, d'un tout continu, intégré ?

Vous voyez le dilemme ? Les certitudes ne font pas avancer les choses, aussi compréhensibles soient-elles, et quel que soit le camp, ou la question, auquel elles s'appliquent. Elles ne font pas avancer les choses car elles partent du principe que ces dernières « devraient » se passer différemment. Mais, en réalité, les choses se passent comme elles se passent. Il en est ainsi, à cet instant même, le seul instant qui soit. Les façons dont elles « devraient » ou « ne devraient pas » se passer ne sont que des histoires que nous nous racontons. Or, elles peuvent masquer des moyens plus imaginatifs et authentiques de voir la situation et d'interagir avec elle – des moyens susceptibles de faire une vraie différence, de modifier sensiblement la courbe en cloche, de catalyser une rotation dans la conscience, peut-être même de nommer, sinon de stopper immédiatement, la folie et l'injustice, plutôt que de modifier simplement la distribution des rôles tout en conservant le même scénario non examiné, mal compris et insensé. Cette dernière option équivaut à aligner les transats sur le *Titanic*, puis à reconstruire un bateau après le naufrage, puis à aligner de nouveau les transats, etc.

Nous devons absolument apprendre à nous fier à notre expérience directe des choses, à trouver le courage de nous ancrer dans nos convictions fondées dans la sagesse du discernement et de la clairvoyance plutôt que dans l'idéologie ou le politiquement correct vénal. Peut-être devrions-nous apprendre – et laisser le monde nous apprendre – à demeurer dans une ouverture courageuse, en percevant ce que dissimule le voile des apparences et de la désinformation, mais également de notre aveuglement, de nos vœux pieux et de nos tendances à tout transformer en blanc ou noir, en bien ou mal, au point de ne plus percevoir la mesure de toute chose.

Pourtant, nous devons nous ancrer dans ce que nous voyons et sentons. Nous devons toujours tâtonner pour trouver ce que nous pourrions *faire*, dans quoi nous pourrions nous engager pour tenter de changer le monde sans céder pour autant aux peurs de notre soi étriqué, qui ploie sous les problèmes, ou aux certitudes qui nous soufflent que nous sommes plus droits que les autres, en quelque sorte plus purs, plus éclairés, non entachés par la culpabilité ou le péché, que nous sommes ceux qui savons. Plus nous disons ou pensons que nous savons parfaitement ce qui est juste, plus nous sommes susceptibles d'y croire. Il s'agit là encore d'une construction non examinée du mental, et donc d'un obstacle à la liberté, à l'honnêteté et à la moralité authentique que nous prônons aux autres et que nous prétendons appliquer dans notre propre vie. On peut sentir à quel point ce genre de pensées est potentiellement dangereux, surtout si l'on n'en a pas conscience, car c'est précisément ce que chacun croit, peu importe son point de vue. «J'ai raison et ils ont tort.» «Je sais ce qui est juste, eux non.» «Qu'est-ce qui ne va pas chez eux?» Et c'est le début des procès d'intention.

Alors, avez-vous raison de penser que vous avez raison? Ont-ils tort lorsque vous dites qu'ils ont tort? «Dès que vous ouvrez la bouche, vous avez tort», répétait souvent Soen Sa Nim. Et pourtant, vous, nous, nous tous, devons ouvrir la bouche. Et parfois agir, y compris face à la complexité et à l'incertitude, car la complexité et l'incertitude font partie intégrante de la réalité même. Alors, que pouvons-nous faire? Ce koan est une pratique méditative mais aussi une politique précieuse. Pouvons-nous demeurer dans le non-savoir et nous éveiller à quelque chose de nouveau, d'audacieux, d'imaginatif et de curatif qui dépasse les limites des processus de pensée réactifs, non examinés et fortement conditionnés, l'emprise des émotions accablantes, notamment de la peur? Pouvons-nous trouver des moyens d'incarner la bonté, une force intérieure et extérieure réelle, en particulier dans les moments de crise et de défi, tout en renonçant aux certitudes, qui sont à la fois corrosives et corruptrices?

Le simple fait de penser aux choses d'une certaine manière peut déclencher l'indignation et les certitudes. Aborder les mêmes choses différemment ouvre la voie à l'imagination et à la créativité, à la sincérité et à l'action consciente et bienveillante.

Mais le soi est sa propre construction, et même si les faits sont clairs, souvent, il n'en est pas de même pour ce qui déclenche les certitudes face à telle ou telle situation. « Nous » pouvons être aussi aveugles à notre indignation qu'« ils » le sont à leurs « machinations perverses », peu importe qui ils sont et qui nous sommes. Ne le savez-vous pas déjà au fond de votre cœur, au plus profond de vous-même ? Peut-être une optique à la fois meilleure et plus sage, plus relationnelle, est-elle nécessaire, une manière de voir les choses moins duelle, moins encline à réifier le sentiment d'un « nous » face à un « eux », ou son cousin germain, le sentiment d'un « bien » face à un « mal », ou plus apte à les percevoir et à les accueillir délicatement dans la conscience, si le réflexe est si fort qu'il surgit de lui-même, accompagné d'une multitude d'émotions malgré notre discernement. Alors peut-être, seulement peut-être, parviendrons-nous à ne pas céder aux conflits générés par nos pensées et notre ressenti, à agir avec sagesse et courage afin d'engager les choses sur la voie de la guérison – de l'aise, de l'équilibre et de l'harmonie –, et de les éloigner du mal-être et du déséquilibre. En un mot, une politique de sagesse et de compassion, nourrie par la pleine conscience et la bienveillance. Il s'agirait de soigner, de protéger et d'honorer réellement le corps politique, en nous engageant à exiger le meilleur, plutôt que le pire, de sa part comme de la nôtre, et en nous fiant à la clairvoyance, qui est la voie de la sécurité, de l'harmonie et de l'équilibre durables.

*

Si un homme traverse un fleuve
Et qu'une barque vide heurte son esquif,
Il ne se mettra pas très en colère
Même s'il est de nature irascible.
Mais s'il aperçoit un homme dans la barque,
Il lui hurlera de s'éloigner.
Si son cri n'est pas entendu, il hurlera de nouveau,
Puis encore une fois, avant de se mettre à pester.
Et tout cela parce qu'il y a quelqu'un dans la barque.
Pourtant, si la barque était vide,
Il ne hurlerait pas et ne se mettrait pas en colère.

Si vous parvenez à vider votre barque
Tout en traversant le fleuve du monde,
Personne ne s'opposera à vous,
Personne ne cherchera à vous nuire.

Tchouang-tseu
(IVe siècle av. J.-C.)

La politique autrement au XXIe siècle

Quiconque se fie au Tao pour gouverner les hommes
ne tente pas de forcer les choses
ou de défaire l'ennemi par les armes.
Chaque force génère sa contre-force.
La violence, même bien intentionnée,
se retourne toujours contre soi.

Le maître accomplit son travail
puis s'arrête.
Il comprend que l'univers
est à jamais hors de contrôle
et que tenter de dominer les événements
va à l'encontre du Tao.
Parce qu'il croit en lui-même,
il n'essaie pas de convaincre les autres.
Parce qu'il est satisfait de lui-même,
il n'a nul besoin de l'approbation des autres.
Parce qu'il s'accepte lui-même,
le monde entier l'accepte aussi.

Lao-tseu

Tao Te King

(Ve siècle av. J.-C.)

Imaginez une politique ancrée dans la pleine conscience. Imaginez que nos dirigeants, comme le processus démocratique même, intègrent le fait que «l'univers est à jamais hors de contrôle et qu'essayer de dominer les événements va à l'encontre du Tao». Non pas parce que cette citation trônerait au frontispice d'un bâtiment gouvernemental, mais parce qu'elle serait expérimentée de manière directe, à travers la pratique de la pleine conscience, par un grand nombre de gens dans notre société. Notre processus de prise de décision, et même la vision que nous avons de notre propre intérêt, serait radicalement différent s'il était en accord avec cette connaissance et cette sage humilité. Le consensus pourrait découler, bien plus souvent qu'à l'heure actuelle, de la sagesse et de la compassion, mais aussi d'une compréhension profonde du fossé qui sépare les apparences de la réalité. Nos actions, dirigées vers ce principe, façonneraient ce que l'ensemble des communautés et des électeurs espèrent d'une vraie gouvernance, d'une sage démocratie, c'est-à-dire un examen sincère des besoins intérieurs et extérieurs de ses composantes et de la société où se déploient la vie, la liberté et la recherche du bonheur.

Bien entendu, les besoins réels d'une société sont toujours multiples et souvent contradictoires compte tenu des ressources limitées. Un processus politique davantage fondé sur la pleine conscience demeurerait sans doute très chaotique, contesté et vif. Mais ce serait aussi un processus qui nous inspirerait davantage confiance car, en définitive, à travers les autres c'est à nous-mêmes que nous ferions confiance et pour de bonnes raisons qui pourraient être bien mieux reconnues et respectées par tous qu'elles ne le sont aujourd'hui.

Lorsqu'on parle de «politique à l'ancienne», on est généralement cynique, souvent à juste titre d'ailleurs puisque ce genre de politique semble davantage fondé sur des luttes à mort entre des camps idéologiques intransigeants que sur l'intérêt général. Peut-être est-ce justement le contraire dont nous avons besoin à notre époque – une politique qui défilerait au rythme d'un tambour différent, ou plutôt qui cesserait de défiler pour mieux s'écouler, guidée par un état d'esprit délibérément orthogonal où primerait la « réalité », mais aussi l'interconnexion et le sentiment que nous faisons tous partie du corps unique de ce monde. Si nous expérimentions notre interconnexion de manière plus intime par la pratique et l'approfondissement réels de la pleine conscience, nous comprendrions plus immédiatement combien nos motivations et nos impulsions égocentriques limitent notre capacité à percevoir les choses dans leur ensemble et comment nous pourrions nous rendre réellement utiles. Nous verrions que les motivations et les points de vue étriqués sont une source de douleur, pour nous comme pour les autres. Une telle perspective développerait naturellement la sagesse et la compassion tout en permettant d'affecter de manière plus efficace les ressources nécessaires pour catalyser et promouvoir l'action bienveillante. La politique même deviendrait une discipline de la conscience transformatrice et curative. Les premiers bénéficiaires seraient les dirigeants, qui se satisferaient de bien agir pour les bonnes raisons. Mais, en définitive, c'est le monde entier qui en profiterait.

Ce pourrait être le défi central de notre espèce et de notre époque : répondre aux possibilités de notre vraie nature parce que nous pouvons les imaginer, parce que nous pouvons les connaître et parce que nous pouvons voir, peut-être comme jamais auparavant, ce qui nous attend si nous *n*'y répondons *pas*, si par pure inertie nous restons dans notre état de transe consensuelle, si nous ne nous éveillons pas et que nous ne retrouvons pas la raison. Le destin de nos enfants et de nos petits-enfants, des générations futures et de notre espèce même pourrait, sans exagérer, être en jeu – pas dans un vague avenir lointain, mais au cours des quelques générations à venir, bien plus tôt qu'on pourrait l'imaginer.

Car, bien que notre expérience directe nous permette de connaître la bonté et la beauté lorsque nous sommes disposés à appliquer une attention à la fois douce et soutenue à nos vies, nous connaissons également l'autre face des choses. Nous savons que nous pouvons tous être aveuglés par notre mental, surtout quand nous percevons de manière erronée la réalité et que nous sommes submergés par des émotions destructrices, telles la peur et l'avidité, qui engendrent toutes les autres. Dans ces moments, nous nous contractons, au sens propre comme au figuré, et nous sommes diminués. Les décisions que nous prenons dans ces phases de contraction mentale, ce que nous disons et faisons, finissent par faire beaucoup de tort, à nous-mêmes et aux autres. Le manque d'intimité avec notre propre paysage mental et corporel intérieur et, par conséquent, de familiarité directe avec la manière dont il façonne nos choix et nos comportements peut aggraver les dégâts au fil du temps, générant toujours plus de discorde, de trouble et de malaise.

C'est toujours le cas même si, ou surtout si le danger que nous percevons de manière collective est très réel. Et c'est le cas quand les opportunités personnelles que nous percevons et auxquelles nous espérons accéder sont aussi réelles. L'interprétation, voire l'existence et la nature mêmes de ce danger et de ces opportunités demeurent les produits de nos perceptions sensorielles et de l'activité de notre mental, et ne peuvent donc être vues et sues qu'en fonction des qualités mentales mises à contribution dans des circonstances particulières, notamment éprouvantes. Nous sommes tous exposés à une contraction physique, émotionnelle, cognitive et spirituelle instinctive face à la perception d'une menace – et ce risque est toujours sérieusement aggravé par notre conditionnement et les présupposés dominants mais tacites de notre culture, surtout si, comme c'est sans doute le cas aux États-Unis depuis le 11-Septembre, nous souffrons d'un syndrome de stress post-traumatique chronique.

C'est ici que la pleine conscience entre en scène, puisque, comme nous l'avons vu, elle peut nous aider à affûter nos capacités à voir et à connaître la réalité des choses, au-delà de leurs apparences et de nos tendances à adopter des états mentaux aveuglants dans les moments où nous avons le plus besoin de clarté et d'objectivité. Plus nous ferons de la pleine conscience une pratique et une priorité chaleureuses dans le monde, plus nous aurons de chances de *répondre* aux situations difficiles de manière mesurée, imaginative et donc réellement puissante, et moins nous *réagirons* de manière instinctive en nous contractant. Nous exploiterons et libérerons plus volontiers des énergies nouvelles, créatives, plus efficaces et compatissantes susceptibles de catalyser des transformations chez les personnes, les organisations et les nations rendues myopes aujourd'hui par la politique à l'ancienne.

Une description de l'aïkido sur laquelle je suis tombé il y a très longtemps, mais que je n'ai jamais oubliée, me revient à l'esprit. Elle donnait à peu près ceci : si quelqu'un vous attaque, c'est qu'il a déjà en quelque sorte perdu la raison, il a déjà renoncé à son point d'équilibre et d'autonomie par l'irrationalité même de cet acte agressif. Si, au lieu de succomber à la peur, de perdre votre clarté et votre équanimité, vous pénétrez dans l'énergie de l'attaquant et l'absorbez sans vous départir de votre propre équilibre et de votre centre, vous pouvez, sans grand effort, retourner son énergie par nature déséquilibrée contre lui-même, en faisant le moindre mal et le plus grand bien. Vous vous fondez avec l'adversaire, le déplacez autour de votre propre centre, neutralisant son attaque. Pour y parvenir, vous pouvez lui saisir le poignet ou changer subtilement de position, sans le toucher ou presque. Il n'en est pas moins défait et n'a aucune idée de la manière dont cela s'est passé. L'aïkido métaphorique pourrait être encore plus puissant.

Imaginez que vous utilisiez votre pouvoir, dont vous ignorez peut-être l'existence même, de manière aussi consciente face aux agressions et aux défis en tout genre, en vous basant sur la certitude qu'un adversaire, un ou des « agresseurs » potentiels affichent déjà une faiblesse et un déséquilibre immenses par leurs intentions ou leurs actes agressifs, donc irrationnels ou erronés. Enfin, à condition que nous-mêmes ne perdions pas la raison face à la déraison de l'autre, comme cela arrive très souvent, car c'est ainsi que la colère engendre la colère et la violence toujours plus de violence débridée.

Il y a toujours eu des individus et des groupes engagés à définir et à réaliser de manière plus humaine et bienveillante les moyens les plus nobles et les fins les plus importantes dans différentes entreprises humaines, sans parler des possibilités innées d'être surpris par des résultats positifs imprévisibles quand le processus même, comme dans le cas du vrai dialogue, est intègre et qu'on s'y fie sans tenter de l'orienter dans un sens particulier. *L'entrepreneuriat social* – à l'image du développement du microcrédit au Bangladesh et dans d'autres pays, où des banques progressistes peuvent accorder des millions de petits crédits aux populations démunies et leur permettre de monter de modestes commerces et d'élever leur niveau de vie – est un des exemples notables d'« aïkido » imaginatif dans le monde, consistant dans ce cas précis à affronter de manière proactive les forces à l'œuvre derrière l'extrême pauvreté et le manque de perspectives et à trouver des moyens d'« entrer » et d'« absorber », de se tenir au point d'équilibre jusque-là non perçu d'un immense défi et de laisser les choses pivoter autour du nouvel élément introduit à bon escient. Les exemples abondent dans le monde. Ce qui change à l'heure actuelle, c'est la prise de conscience croissante, déjà répandue, que les paysages intérieur et extérieur du mental et du monde s'interpénètrent et que nous devons connaître nos propres motivations, pensées et émotions, ainsi que les facteurs économiques et sociaux qui les influencent, et en prendre soin, comme un jardinier prend soin d'un verger – à l'échelle institutionnelle et individuelle – afin que les meilleures intentions deviennent effectivement réalité.

*

Que nous soyons bien ou mal informés sur tel ou tel sujet, il est à parier que nos dirigeants n'ont pas non plus toujours accès à tous les détails de l'histoire. Ils doivent souvent réagir du mieux possible à des événements en cours sans savoir ce qui se passe réellement ni mesurer les conséquences des décisions qu'ils pourraient prendre, notamment s'ils n'ont pas une vision globale des choses parce qu'ils sont trop attachés à protéger des intérêts particuliers, économiques ou géopolitiques, leur propre réputation, voire leur réélection.

En politique comme en médecine, les décisions doivent souvent être prises moment après moment et jour après jour sur la base d'informations incomplètes et d'incertitudes majeures. Il s'agit alors d'identifier des schémas dans les événements en cours, de les relier à des expériences passées, de faire preuve d'intuition, de peser le pour et le contre et d'équilibrer les probabilités, les bénéfices et les coûts. Autant de jugements personnels qui requièrent une conscience, une clairvoyance et une intégrité permanentes. Malheureusement, sans conscience et sans compréhension de ce que pourrait être réellement notre « intérêt personnel » – en gardant par exemple à l'esprit l'interdépendance qui nous relie à autrui et en cultivant une motivation plus vaste et plus « désintéressée », moins égocentrique –, ces processus de prise de décision sont inévitablement influencés par l'idéologie, les allégeances politiques et les exigences de groupes de pression et d'électorats limités auxquels on se sent redevables. L'envie d'appréhender les choses avec une conscience plus calme et globale – associée à un examen perspicace, un désir de guérir et un engagement envers ce que l'on appelait autrefois le *bien commun*, c'est-à-dire le bien-être et la santé de notre société, du monde entier et de tous les individus qui y vivent – peut très vite s'éclipser, voire se perdre totalement.

Les hommes et les femmes engagés quotidiennement dans les affaires politiques, y compris les meilleurs d'entre eux, cherchent souvent – en toute logique – à nous influencer au lieu d'afficher plus de transparence et d'honnêteté sur leurs partis pris et de nous inviter à prendre nos propres décisions. On oublie si vite que « l'univers est à jamais hors de contrôle et que tenter de dominer les événements va à l'encontre du Tao ». Malheureusement, leurs analyses des situations peuvent à tout moment être entachées par les vues étroites de l'intérêt personnel et de l'idéologie, alors qu'il est déjà extrêmement difficile de répondre à tant de complexité, sans parler des incertitudes et des enjeux majeurs associés à la nécessité de faire tel ou tel choix, puis de défendre ces choix parce qu'ils sont justes, élevant ainsi la conversation, éduquant les électeurs au lieu de céder à leurs caprices, se montrant honnêtes, même si cela signifie perdre les prochaines élections. Bien entendu, dans le pire des cas, on est tenté de maquiller, de dissimuler ou de nier l'état réel des affaires, ce qui revient à cacher la vérité ou à mentir éhontément aux gens mêmes qu'on est censé représenter et à flatter leurs instincts les plus bas.

En médecine, il existe un mot pour désigner ce genre d'attitude, ainsi que le comportement et les décisions qui peuvent en découler. C'est la *iatrogénèse*, c'est-à-dire l'ensemble des maladies ou des problèmes provoqués par l'action ou l'inaction consciente ou inconsciente du médecin et, plus largement, du système de santé.

Un grand nombre d'attitudes et de pratiques de dirigeants politiques seraient considérées comme iatrogènes, voire criminelles, si elles avaient lieu en médecine. Malheureusement, en politique, la famille du patient, à savoir chacun d'entre nous, est généralement tenue dans l'ignorance et n'a accès qu'à ce qu'on veut bien lui laisser voir. Les dirigeants jouent souvent sur les peurs les plus profondes et attribuent le « salut » à leurs propres idées, leurs propres politiques, personnalités ou partis. Les citoyens ordinaires savent probablement peu de choses, voire rien, sur ce qui se passe réellement à tout moment.

D'un autre côté, comme l'a très bien formulé Yogi Berra : « Il suffit d'observer pour voir beaucoup de choses », et comme Bob Dylan l'a très bien chanté : « Pas besoin d'un monsieur météo pour savoir de quel côté souffle le vent. » Dans la même veine,

Abraham Lincoln a déclaré un jour: « On peut duper certaines personnes à tout moment, tout le monde à certains moments, mais on ne peut pas duper tout le monde à tout moment. » Dieu merci ! Même si Lincoln s'exprimait bien avant l'apparition des algorithmes numériques capables de façonner à notre insu notre interface avec le réel. Mais cela n'empêche pas certains candidats de chercher à duper (ou à convaincre) suffisamment de gens pour se faire élire ou réélire alors que leurs motivations sont essentiellement dictées par l'avidité, la peur ou la haine, flattant ainsi les peurs des autres, sapant, au lieu d'élever, le processus démocratique. Le capitalisme débridé prospère sur les motivations trop humaines de l'avidité, de la peur, de la haine et de l'illusion. Pourtant, même au sein du capitalisme, un certain nombre de mouvements naissants en faveur d'une *économie plus bienveillante* montent au créneau. Et pourquoi pas ? Il est plus que temps[17].

Si les politiciens savaient, au fond d'eux-mêmes, par leur expérience personnelle, que le soi qui s'accroche au pouvoir n'existe pas, ils se rappelleraient ou se rendraient peut-être simplement compte que même s'ils deviennent célèbres ou puissants, même s'ils sont élus à la tête d'un pays, même s'ils décrochent un deuxième mandat, ils ne sont que de passage, leur pouvoir et leur réputation ne sont qu'éphémères, le bien qu'ils peuvent faire est limité, mais le tort immense.

Si nos représentants avaient clairement conscience de ce genre d'ironie, peut-être agiraient-ils plus souvent dans le bon sens pour les bonnes raisons, et peut-être même trouveraient-ils les

17. Voir, par exemple, Tania Singer et Matthieu Ricard (éd.), *Vers une société altruiste*, Paris, Allary Éditions, 2015 ; Muhammad Yunus, V*ers une économie à trois zéros*, Paris, JC Lattès, 2017.

bons mots pour inciter leurs électeurs à élargir la portée de ce qu'ils considèrent comme leur intérêt personnel. S'ils étaient plus conscients de l'attrait endémique des considérations égoïstes et du danger de perdre contact avec leur être le plus profond, les hommes et les femmes politiques seraient peut-être plus aptes à expliquer leurs positions. Nous comprendrions leur manière de voir les choses, reconnaîtrions la sagesse de leurs décisions, ou du moins, nous leur donnerions une chance et les soutiendrions par respect, voire affection. Ce genre de choses est souvent arrivé par le passé, de petites et grandes manières. Par exemple, quand le président Eisenhower, un immense héros militaire qui a commandé les forces alliées pendant la Seconde Guerre mondiale, a mis en garde la nation contre le danger d'un complexe militaro-industriel de plus en plus puissant capable de fixer son propre agenda et de dominer la politique étrangère et nationale. Un avertissement remarquablement prophétique. Malheureusement, depuis cette époque, le complexe militaro-industriel n'a fait que pousser tel un gigantesque champignon. Le commerce international des armes sème, nourrit et exploite les conflits, grands et petits, à travers le monde. Nos opinions, nos priorités et nos décisions nationales en sont fortement affectées. Eisenhower serait stupéfait par l'omniprésente toxicité de ce qu'il dénonçait.

Il n'est pas question de prôner une vision complètement utopique mais de rappeler le pouvoir de l'honnêteté, de la sincérité et de la bonté, qui irradie de nous tous avec d'autant plus de force que cette vision est réellement incarnée par nos dirigeants. Les fonctions gouvernementales, que « le peuple », c'est-à-dire nous, attribue à certains individus pour un temps limité, sont des occasions privilégiées de contribuer à la sécurité et au bien-être du pays et des citoyens. Ces fonctions s'accompagnent toujours, du moins en théorie, de responsabilités sacrées envers les gouvernés. Elles doivent être considérées comme telles. C'est une pratique qui exige un effort continu, au-delà des simples mots. Elle exige aussi d'affronter le fait que, trop souvent, quand la vérité est dite, tout se passe comme si elle ne l'avait pas été. Peu d'entre nous semblent réellement disposés à l'entendre, tant nous sommes pris, fascinés et hypnotisés par nos propres préoccupations égoïstes, alors que c'est la nature même de ce soi et les conditions nécessaires d'un bien-être individuel et social véritable qui doivent être remises en cause.

Certes, une plus grande sagesse de la part de nos dirigeants nous serait bénéfique. Mais comme, dans une large mesure, ils sont nous, au sens où ils sont le reflet significatif de l'air du temps et du paysage mental de la société qu'ils représentent, tout mouvement vers l'éveil, tout retour à la raison devra se déployer dans la société entière et sera probablement multigénérationnelle. C'est donc un travail à long terme. Par ailleurs, nous ne savons pas de combien de temps nous disposons compte tenu de la toxicité et des conséquences potentiellement fâcheuses, voire dévastatrices, de la non-conscience et de l'illusion du soi à grande échelle dans le monde. Pourtant, de nombreux signes indiquent que la pleine conscience s'enracine et qu'elle continue à s'approfondir à travers le pays et dans le monde à mesure que des gens de tous milieux, de tous systèmes de croyances et de tous bords politiques adoptent cette manière simple d'être en relation avec l'expérience, avec la vie qui se déploie. Cet ascendant de la pleine conscience, à l'intérieur comme à l'extérieur, peut faire basculer notre nation vers un équilibre et un bien-être plus grands, d'autant qu'il apparaît de plus en plus clair, au-delà du simple concept, que la différence entre intérieur et extérieur n'est qu'apparente. Du point de vue non duel de la complétude, ils sont un, ou mieux, comme l'a formulé Suzuki Roshi dans un autre contexte, « ni deux, ni un ».

En 2015, un important jalon a été franchi. Cette année-là, les partis politiques représentés au Parlement britannique ont publié un rapport commun intitulé « Une nation consciente : le Royaume-Uni », où ils réclamaient que beaucoup plus de temps et d'argent soient investis dans l'entraînement à la pleine conscience et son évaluation dans quatre domaines majeurs de la société : la santé, l'éducation, l'innovation en entreprise et la justice pénale. C'est le résultat d'une initiative de plusieurs personnes associées au Centre pour la pleine conscience de l'université d'Oxford, notamment Mark Williams, un des fondateurs de la thérapie cognitive basée sur la pleine conscience (MBCT), et Chris Cullen, instructeur de pleine conscience, qui, trois ou quatre ans auparavant avaient proposé une session proche de la MBSR à des membres de la Chambre des communes et de la Chambre des lords, et séparément, à leur personnel. Depuis 2018, plus de deux cents membres de la Chambre des lords et de la Chambre des communes ont participé à ce programme très apprécié, qui affiche aujourd'hui une liste d'attente. Plusieurs centaines de salariés ont également pris part à un programme parallèle. Rien de comparable ne s'est jamais produit dans l'histoire de la politique, du moins en Occident, à l'époque contemporaine. C'est le signe d'un début de convergence entre l'ancienne sagesse méditative (des pratiques focalisées sur le développement de la pleine conscience et de la sincérité/compassion qui ont été reformulées, universalisées et validées par de nombreuses études scientifiques au cours des dernières décennies pour leurs effets positifs démontrables sur le corps et le mental, et plus généralement sur la société) et des corps politiques dominants dont les membres tentent de trouver de nouveaux moyens de gérer les défis et pressions auxquels ils sont personnellement confrontés dans leur travail (dont la dépression et l'anxiété) et, en parallèle, de chercher, et je l'espère de trouver, des moyens à la fois nouveaux et plus efficaces de gouverner le pays de manière à optimiser sa santé en se fondant sur un éventail de critères de bien-être national non réduits au simple PIB. Les Parlements de Suède et des Pays-Bas possèdent également de longue date des programmes de pleine conscience.

En 2017, l'Initiative pour la pleine conscience au Parlement britannique a accueilli pendant toute une journée une délégation de parlementaires issus de quinze nations intéressés par cette expérience. Certains l'appliquaient déjà dans leur propre Parlement tandis que d'autres espéraient en rapporter une version chez eux. Des instructeurs de pleine conscience d'un grand nombre de ces pays avaient également été conviés. Depuis cette réunion, la pleine conscience est enseignée et pratiquée à l'Assemblée nationale française et dans un certain nombre d'autres Parlements.

En 2014, aux États-Unis, le représentant démocrate Tim Ryan, qui, en plus d'avoir été élu huit fois dans le 17e district de l'Ohio, est un pratiquant accompli de pleine conscience et de yoga, a publié un livre intitulé *A Mindful Nation : How a Simple Practice Can Help Us Reduce Stress, Improve Performance, and Recapture the American Spirit [Une nation consciente : comment une simple pratique peut nous aider à réduire le stress, améliorer nos performances et reconquérir l'esprit américain]*. Peut-être que sa présence au Congrès des États-Unis finira par susciter la vocation d'autres pratiquants qui travailleront à redéfinir la politique même afin de l'orienter davantage vers le bien commun. Évidemment, la démarche serait nécessairement non partisane, non duelle – c'est-à-dire ni républicaine ni démocrate, ni rouge ni bleue, ni de droite ni de gauche –, mais simplement humaine. À première vue, cela peut paraître ridicule, voire complètement utopique, pourtant à mesure que nous nous éveillons et que nous retrouvons la raison, nous nous rapprochons peut-être d'un point d'inflexion où l'absurde devient réalité. Même un tout petit pas serait immensément important. Il nous suffit de nous y mettre, ce qui est déjà le cas. La pratique et la certitude de nous libérer d'une profonde souffrance, mais aussi la confiance dans notre vraie nature d'êtres humains bienveillants et aimants, feront le reste. Aucun de nous ne parviendra à « résoudre ça » par la simple pensée. Nous devrons exploiter d'autres dimensions de notre intelligence, notamment la clarté sincère de la sagesse – de la conscience même.

Ce que la médecine nous enseigne

S'il existe peu de solutions miracles en médecine, malgré tout ce que nous savons sur la biologie et les maladies, il en existe encore moins en politique. Nous travaillons avec le monde tel que nous le trouvons et tel que nous l'habitons, conscients que notre compréhension des événements et notre capacité à façonner les résultats sont toujours limitées, parfois considérablement. Mais, comme nous l'avons découvert en médecine, une guérison profonde peut néanmoins se produire si l'on aborde la situation de manière à accueillir le spectre entier des ressources intérieures et extérieures afin de travailler de façon un peu plus désintéressée et orthogonale avec ce qui est, avec les choses telles qu'elles sont, notamment dans le domaine du cœur et du mental humains. Il en va de même pour le corps politique. Lui aussi peut être abordé dans une optique de guérison et de transformation, au-delà de la simple quête de réparations ou de solutions ponctuelles, surtout si ces dernières sont potentiellement dommageables pour le patient et les possibilités de guérison mêmes.

C'est précisément ce que tente d'accomplir le mouvement de la pleine conscience dans différents Parlements du monde. Bien entendu, c'est ce qu'on pourrait appeler, de manière relative, une « approche descendante ». En parallèle, une approche plus consciente de la politique se diffuse largement dans des communautés du monde entier, notamment aux États-Unis, à travers les mouvements Me Too, Black Lives Matter et beaucoup d'autres encore. Si nous nous considérons tous comme les cellules du corps politique de tel ou tel pays, voire de la planète, la santé de chacune de ces cellules doit être optimisée. Les intérêts vitaux de tous doivent être pris en compte, reconnus et satisfaits – en gardant à l'esprit les intérêts plus vastes de l'ensemble –, mais aussi protégés, dans la mesure où ils s'accordent avec la notion de « liberté et [de] justice pour tous » inscrite dans le serment d'allégeance au drapeau des États-Unis. À l'image de la pratique méditative même, cette approche est simple sans pour autant être facile.

Les limites du potentiel de synergies et de collaborations entre les mouvements ascendants et descendants sont inconnues, mais la société et le monde ont désespérément besoin de ce genre d'approches inclusives fondées sur la pleine conscience pour tenter de guérir. Parce qu'elle est extrêmement puissante et potentiellement transformatrice, la pleine conscience, même à petite dose, peut contribuer efficacement à dissoudre ou à atténuer un grand nombre d'obstacles à la résolution d'inimitiés, de conflits et de problèmes épineux qui accompagnent et empoisonnent l'aventure humaine depuis des millénaires, notamment la place des femmes, considérées comme des objets ou victimes de maltraitances chroniques. Une telle guérison est presque impérative dans un monde aussi interconnecté, aussi peuplé, aussi exploité et stressé écologiquement, aussi meurtri par les guerres et les conflits interminables, la terreur, les génocides – et les immenses migrations de masse que ces maux déclenchent inévitablement, mettant en péril le bien-être et la santé mêmes de la planète. En quarante ans, les Américains ont appris à évaluer, à améliorer et à cultiver leur santé et leur bien-être dans une mesure inconcevable à peine une génération plus tôt, lorsqu'ils se contentaient d'accepter ce que disait leur médecin (le plus souvent un homme) sans jamais remettre en cause son jugement. À cette époque, on considérait que le patient était le destinataire passif des soins médicaux et qu'il devait se contenter de suivre les « *ordonnances* du docteur ». Il n'était pas rare de dissimuler un diagnostic de cancer à un patient, sous prétexte de ne pas l'affecter inutilement, et de n'en parler qu'à sa famille. Aujourd'hui, nous disposons d'une charte destinée à préserver la dignité du patient et à protéger le caractère sacré et confidentiel de la relation médecin/patient. Certes, ces notions sont encore trop souvent mises à mal, notamment dans l'environnement extrêmement rapide et procédurier où s'exerce la médecine aujourd'hui, sans parler de l'influence des groupes pharmaceutiques et d'autres intérêts particuliers. Différentes « pressions du marché » obligent les médecins à voir de plus en plus de patients en un temps de plus en plus limité, engendrant une insatisfaction et un malaise général, chez les patients comme chez les praticiens. La médecine même est en souffrance et a besoin d'une guérison radicale.

Toutefois, peut-être à l'insu de ces forces plus vastes, bien qu'elles n'en soient pas indemnes, un important mouvement déterminé à réorienter la culture médicale en la focalisant davantage sur le patient, la relation et la participation, se met progressivement en place. Depuis une dizaine d'années, la médecine corps/esprit en général et les approches fondées sur la pleine conscience en particulier, désignées sous le terme global de *médecine intégrative*, sont à l'avant-garde de ce changement culturel. Pourtant, à terme, tous ces qualificatifs devront être abandonnés. Car, en définitive, il n'y a qu'une *bonne médecine* – une médecine qui devrait être aussi bonne que possible, pour tous.

Est-ce que cette réorientation radicale est incompatible avec un exercice médical de qualité ? Bien sûr que non, même si, à l'époque où « le médecin savait mieux que tout le monde », on aurait considéré qu'un tel changement sapait la stature et l'autorité du praticien tout en nuisant aux soins de santé. Pourtant, ce changement de culture et de pratique médicales promet d'améliorer de manière significative les options et la qualité des soins pour les patients comme pour leurs familles. Il est aussi plus satisfaisant pour les médecins – et l'ensemble des soignants, tels les infirmiers, les assistants sociaux, les kinésithérapeutes, les psychologues, les ergothérapeutes, les nutritionnistes –, qui peuvent désormais proposer un *partenariat* à leurs patients plutôt qu'une relation principalement autoritaire, et donc plus isolante.

En réalité, malgré les nombreux problèmes auxquels les soins de santé sont confrontés aujourd'hui – et ils sont légion –, on avance à grands pas vers une médecine plus participative, où le patient, le médecin et les soignants ont chacun leur mission et leur rôle à jouer, et où, idéalement, des échanges éclairés et honnêtes entre les parties évoluent de manière créative au fil du temps. Dans ce modèle, tout le monde, y compris le patient, surtout le patient, œuvre à développer des niveaux de santé, de bien-être et de confort plus élevés et adaptés à tous les âges et à toutes les étapes de la vie, y compris lorsqu'elle arrive à son terme. Les visions et les approches thérapeutiques alternatives, étayées par un nombre croissant d'études crédibles, sont plus que jamais bienvenues dans ce processus, et les potentielles synergies entre des approches thérapeutiques traditionnelles et intégratives sont mieux reconnues et optimisées dès lors que c'est possible, d'autant qu'un public de plus en plus informé se tourne vers des perspectives et des approches différentes, souvent orthogonales, lorsqu'il est confronté à des crises sanitaires que la médecine standard n'a traitées à ce jour que de façon limitée, voire très insatisfaisante. Ces approches trouvent peu à peu leur place dans les enseignements de base ou optionnels des facultés de médecine du monde entier grâce à la passion et à l'intérêt d'un nombre toujours plus grand de praticiens cliniques imaginatifs et bienveillants. Les hôpitaux mêmes deviennent des lieux plus accueillants, plus *hospitaliers*, pourrait-on dire.

Si ces profonds courants de transformation, générés en grande partie par le « consommateur », peuvent changer la face de la médecine en moins d'une génération, alors même que le système de santé traverse une importante crise, ils peuvent aussi se produire, du moins dans une certaine mesure, en politique, et être en quelque sorte générés par le consommateur. Les hommes et les femmes politiques sont peut-être de grands experts dans leurs domaines, comme le sont les médecins et les autres professionnels, et ils possèdent peut-être des informations auxquelles nous n'avons pas accès, mais ils ne sont pas omniscients. Leur jugement sur certains sujets n'est peut-être ni meilleur ni plus sage que le nôtre. Pourtant, l'autorité et les responsabilités dont ils sont investis pour un temps limité les amènent à prendre des décisions cruciales destinées à préserver et à accroître le bien-être et la sécurité du pays, mais aussi à réguler et à protéger ses différents processus homéostatiques, comme l'économie, l'égalité de tous devant la loi – et la nécessité d'identifier ceux que ces lois peuvent protéger ou favoriser et ceux qu'elles ne protègent pas –, l'éducation, l'aide sociale et la sécurité des citoyens, les relations diplomatiques, commerciales, scientifiques et culturelles avec les autres pays et les ressources naturelles. Or, par la nature même de leur vocation, les dirigeants politiques, beaucoup plus que les médecins, sont exposés au risque permanent de conflits d'intérêts, notamment aux « échanges de bons procédés », apparemment nécessaires pour pouvoir réaliser quoi que ce soit, ou à toutes sortes de dilemmes, par exemple entre le désir de faire le bien et celui de se faire réélire pour pouvoir conserver ses fonctions et œuvrer plus durablement en faveur du bien commun.

Dans le cadre de la médecine, il est évident que ce genre de conflits d'intérêts nuirait gravement à la capacité d'un praticien à porter des jugements adaptés sur la situation de ses patients. C'est la raison pour laquelle il est clairement indiqué dans le serment d'Hippocrate que le rôle du médecin est de répondre aux besoins du patient avant tout autre attrait, considération ou intérêt, surtout personnels. Incarner et protéger cette relation désintéressée est la responsabilité première et sacrée de la médecine, celle que chaque jeune médecin fait vœu de respecter[18].

Pourquoi serions-nous moins exigeants lorsqu'il s'agit de la santé du corps politique et, par extension, du monde ? Les dirigeants élus et nommés prêtent aussi serment. Peut-être serait-il temps d'accorder une attention et une révérence renouvelées à ces vœux, voire de réviser certains d'entre eux à la lumière du mal-être général que notre société et notre planète expérimentent – mais à la lumière également de ce que nous savons désormais sur le mal-être et notre capacité à aggraver nos problèmes ou à guérir leurs causes intrinsèques. Peut-être que, comme en médecine, ces vœux révisés devraient commencer par « *Primum non nocere...* » : « D'abord ne pas nuire. »

---

18. Ce qui ne veut pas dire que la médecine même ne puisse pas être profondément pervertie. Il suffit de songer aux parodies de médecins nazis qui officiaient dans les camps de concentration pendant la Seconde Guerre mondiale.

Les serments, qui nous engagent profondément, lorsqu'ils sont pris à cœur comme ils doivent l'être pour avoir quelque valeur, nous offrent des rappels et une trajectoire fiable pour rester alignés et incarner ce qui importe le plus si l'on veut donner un sens et une direction à notre vie, souvent face à de grands obstacles. Ils nous ramènent à nous-mêmes et nous rappellent ce qui, à la fin comme au départ, mérite notre étreinte, notre amour. Ce n'est pas rien. Et vous, quel serait votre serment ?

Tout comme la médecine a appris qu'il fallait comprendre le fonctionnement de la maladie mais aussi de la santé pour pouvoir traiter un patient de manière adaptée, nous devons, en tant que cellules du corps politique, œuvrer pour la santé de la société sans nous contenter de réagir à des poussées de fièvre ou à des menaces avérées de maladie. Nous ne pouvons pas nous retrancher derrière l'excuse de ces poussées constantes pour négliger les vrais besoins de la société et, par conséquent, ne pas y consacrer l'attention nécessaire. Par ailleurs, comme quand nous cultivons la conscience dans notre vie moment après moment, il est important de reconnaître les nombreuses énergies présentes en nous et chez les autres quand nous participons au processus démocratique du corps politique. Parce qu'elles sont engendrées par l'avidité, la haine, la peur ou le simple fait de négliger des dimensions importantes d'une situation, ces énergies représentent des dangers permanents pour une société saine et harmonieuse, qu'il s'agisse d'une famille, d'un groupe, d'un pays ou de la communauté de tous les peuples et de toutes les nations de la planète. Pour ne pas être irrémédiablement contaminés par ces vecteurs de malaise, nous devons continuer à nous ancrer dans l'aise, dans ce qui indique que nous sommes déjà en bonne santé, tout en demeurant conscients de la part d'ombre présente en nous-mêmes et chez les autres. Ce serait l'équivalent de la médecine préventive en politique.

Mais comment nous y prendre, me direz-vous ? Comment y parvenir ?

C'est simple. Il n'y a nulle part où aller. L'aise est déjà là, sous le malaise ! L'équilibre est déjà là, dans le déséquilibre. La lumière est déjà là, derrière l'ombre ! C'est une réalité que nous devons nous rappeler et mettre en œuvre, au sens concret, par l'entretien continu de la pleine conscience, en d'autres termes, par la pratique, qui consiste à garder à l'esprit ce qui importe avant tout. Le mal-être même n'est qu'une apparence, aussi persistante soit-elle, pour reprendre l'expression d'Einstein, aussi graves et réelles soient ses conséquences. Nous le sentons tous, certains moments et certaines années plus que d'autres. Bien entendu, certaines personnes ressentent beaucoup plus son aspect nocif, souvent aggravé par la pauvreté, la race ou tout simplement le sexe auquel on appartient. Mais même ces éléments très réels ne sont pas toute l'histoire. Car nous n'avons pas à *trouver* notre bonté pour restaurer l'équilibre, nous devons seulement nous en *souvenir* – nous reconnecter à elle et l'incarner dans nos actes.

Simple ? Oui. Facile ? Non.

De manière ultime et profonde, c'est l'*aise* qui est le substrat, le terreau de notre être, qu'il s'agisse d'individus, de culture ou du monde. Nous l'ignorons parfois, mais nous pouvons le retrouver, le découvrir, précisément parce qu'il est déjà là. Cette danse entre aise et mal-aise, être et mal-être, santé et maladie est à la racine de notre nature, qu'il s'agisse de notre corps, du corps de l'Amérique ou du monde comme corps unique, tout continu, organisme. Et il n'y a rien de plus urgent et de plus important pour notre espèce que de le découvrir. C'est une question de survie. Heureusement cette aise, cette complétude d'être, comme nous l'avons également vu, est sous nos yeux mêmes. Il en a toujours été ainsi.

Si la question fondamentale est celle du mal-être qui masque l'aise innée du bien-être, alors nous devons nous accorder sur un diagnostic, aussi complexe soit-il en apparence et aussi multiples soient les opinions à son sujet, puis explorer les « traitements » appropriés. Si nous ne parvenons pas au bon diagnostic, tous nos efforts pour aborder et atténuer le mal-être sous-jacent comme les souffrances qui en découlent seront vains. Nous serons également bien plus enclins à la démagogie car nos peurs et nos sentiments d'insécurité et d'insatisfaction continueront d'être alimentés, financés et exploités par des entités aux visées égoïstes et aux idéologies toxiques, qui, par ailleurs, exploitent les griefs très réels d'exclus de tous bords dont le bien-être, les préoccupations et les souffrances ne sont ni reconnus ni traités, lorsqu'ils ne sont pas tout simplement trahis.

Je ne prétends pas que des réformes, parfois radicales, n'aideraient pas à résoudre une grande partie des problèmes de la planète. Au fil des siècles, les efforts de valeureux réformateurs ont clairement été bénéfiques pour le monde. Pourtant, à ce stade, nous avons besoin d'une réponse à la fois plus vaste et plus fondamentale car la quête de simples remèdes ou de réparations ne peut engendrer la rotation dans la conscience nécessaire pour guérir la maladie et le mal-être sous-jacents. Sans elle, nous risquons de nous engager machinalement dans une approche superficielle, sans sonder en profondeur ni comprendre plus clairement les racines de nos problèmes, de nos souffrances, de notre *dukkha*.

Nous risquons par conséquent de négliger la nécessité de travailler avec ces facteurs primordiaux de manière proche et personnelle, dans le paysage de notre mental et de notre cœur.

De plus, comme ce qui peut paraître brisé aux yeux de certains peut en laisser d'autres indifférents, l'approche mentale même avec laquelle nous voyons et connaissons les choses doit être examinée, cultivée et, par-dessus tout, nourrie d'une conversation permanente et d'un dialogue authentique plutôt que de la fureur et du bruit qui tendent à dominer le discours public. Le dialogue en pleine conscience invite à une vraie écoute, qui élargit notre manière de connaître et de comprendre les choses. En définitive, il élève le discours et accroît nos chances d'apprendre et de grandir car il permet d'écouter et de comprendre nos points de vue respectifs sans renforcer nos positions et nos attachements ni caricaturer tous ceux qui ne sont pas d'accord avec nous. En devenant plus attentifs à notre mental et à celui des personnes qui ne voient pas les choses de la même manière que nous, la perception que nous avons de nous-mêmes s'élargit et les priorités qui réclament de l'attention et de la guérison changent à nos yeux. Nous pouvons nous sentir moins menacés personnellement à mesure que la perception que nous avons de nous-mêmes s'élargit et que nous voyons combien nos intérêts et notre bien-être sont profondément enracinés dans les intérêts et le bien-être d'autrui, et du tout.

Comme nous l'avons vu dans *L'Éveil des sens*, quand des gens envisagent de s'inscrire au programme de la Clinique de réduction du stress, nous leur disons souvent que, de notre point de vue, « aussi longtemps que vous respirez, il y a plus de choses qui vont bien chez vous que de choses qui vont mal, peu importe ce qui va “mal” ». Nous étendons ce message aux personnes souffrant de douleurs chroniques, de problèmes cardiaques, de cancers de tous types, d’atteintes à la moelle épinière et d’AVC, du virus du sida, et à beaucoup d’autres patients présentant des problèmes beaucoup moins terrifiants mais dont la vie, comme les autres, n’en demeure pas moins affectée par le stress et la détresse. Et nous le pensons réellement. Même s’ils ignorent dans quoi ils s’engagent au départ, peu importe ce qu’on leur en dit, plus ils cultivent la pleine conscience de manière formelle et informelle, plus ils découvrent que c’est le cas : aussi longtemps qu’ils respirent, il y a plus de choses qui vont bien chez eux que de choses qui vont mal, peu importe l’origine de leur souffrance. Lorsqu’ils reconnaissent cela, et qu’ils s’engagent à suivre le programme en complément des traitements médicaux qui leur sont prescrits – et non à leur place –, une très grande majorité d’entre eux grandit, change et guérit, souvent dans des proportions qu’eux-mêmes n’auraient pas imaginé peu de temps auparavant. Le message lui-même devient une invitation à pivoter dans la conscience, à voir les choses de façon nouvelle et à être avec elles telles qu’elles sont. Et c’est *la pratique* qui fournit le véhicule et le cadre de la mise en application réelle de ce que l’invitation ne fait que désigner. Cette croissance, ce changement et cette guérison chez les personnes atteintes de problèmes médicaux chroniques ont été décrits et confirmés à maintes reprises par des études scientifiques au cours des quarante dernières années.

Le même principe s’applique au monde. Peu importe ce qui ne va pas chez lui, aussi longtemps qu’il « respire » il y a plus de choses qui vont bien que de choses qui vont mal. Or, il y a beaucoup de choses qui vont bien dans le monde, dont les différentes fonctions « métaboliques » et les processus homéostatiques qui le maintiennent en bonne santé. Nous en sommes sans doute en partie conscients et nous l'apprécions et le célébrons même de temps en temps. Mais, très souvent, la santé du monde et de ses peuples est totalement négligée, considérée comme acquise ou ignorée, voire malmenée.

Mais à quoi correspond la « respiration » dans le corps politique ? Comment saurons-nous que le monde est sur le point de s'arrêter de respirer et, par conséquent, qu'il est plus que temps d'agir ? Est-ce que ce sera le jour où nous ne pourrons plus respirer l'air de nos villes ? Quand nos corps, celui de nos enfants et de nos petits-enfants ploieront sous les produits toxiques véhiculés par l'air que nous respirons, l'eau que nous buvons et les aliments que nous mangeons – des assauts internes contre lesquels l'organisme n'est pas prémuni ? Quand les calottes glaciaires et l'ensemble des glaciers auront fondu à cause du réchauffement climatique, submergeant les littoraux du monde entier, une menace bien moins apparente il y a quinze ans, au moment où j'écrivais cette phrase ? Quand les génocides deviendront bien plus vastes et fréquents, et qu'ils se rapprocheront de chez nous ? Quand des maladies infectieuses se propageront plus rapidement que le Sras (syndrome respiratoire aigu sévère), le sida ou Ebola et qu'elles ne seront plus maîtrisables ? Quand le terrorisme frappera régulièrement notre pays ? Quand les catastrophes réservées au cinéma, telle une attaque nucléaire sur une de nos villes, se produiront pour de bon ? Quand l'intelligence artificielle aura éliminé des millions d'emplois ? Que faut-il pour que nous nous éveillions et que nous nous engagions dans une voie différente, plus imaginative et plus sage ?

Pour affronter la maladie auto-immune dont souffre notre espèce, et que nous avons générée, nous devrons tôt ou tard réaliser qu'il est primordial de cultiver l'attention consciente, qui est capable de révéler le plus important et le plus humain en nous, mais aussi d'ôter le voile épais de non-conscience de nos processus sensoriels et mentaux. Capable de rétablir l'équilibre dans une certaine mesure – qui est toujours inconnue. Et capable de guérir, dans l'instant présent comme au fil du temps. Si nous devons y venir tôt ou tard, pourquoi pas tôt ? Pourquoi pas maintenant ? Qu'est-ce qui nous empêche d'effectuer une rotation dans la conscience planétaire à cet instant même de notre histoire, ou du moins de faire les premiers pas à notre portée ? Nous pourrions commencer par voir et honorer ce qui va bien chez nous et dans le monde, puis y investir de l'énergie. Nous pourrions avancer à tous les niveaux et sur tous les fronts, pas à pas mais avec audace et sagesse, en cherchant à créer les conditions par lesquelles les capacités complexes, autorégulatrices, dont disposent nos sociétés et le monde pourront s'établir dans un équilibre dynamique – un équilibre que notre mental est parvenu à déranger, à perturber et à menacer faute de conscience, faute d'avoir examiné en profondeur ce qui importe le plus, et donc par ignorance.

Même si, en tant que nation et planète, nous sommes soumis à un stress important et que nous souffrons énormément de maladies et de mal-être, aujourd'hui ces problèmes peuvent être travaillés, gérés et en définitive résolus, de la même manière qu'ils peuvent être résolus ou considérablement améliorés chez des personnes atteintes de maladies chroniques lorsqu'ils sont vus et abordés encore et toujours avec conscience. Nous ferions peut-être bien d'investir notre énergie dans cette façon de voir et de savoir, d'apprendre à agir à partir de notre aise et à habiter notre véritable plénitude. Sinon, nous ne gérerons pas le mal-être avec sagesse. Si nous ne faisons pas attention, nous pourrions finir par alimenter ses causes profondes en croyant les éradiquer, surtout en ce qui concerne le corps politique.

Par conséquent, il est extrêmement important de diagnostiquer avec clarté ce qui va et ce qui ne va pas chez nous, en nous fondant sur des preuves, même s'il demeure quelques incertitudes, comme c'est très souvent le cas en médecine. En définitive, c'est à nous tous, et pas seulement aux experts, qu'incombe cette responsabilité. Un mauvais diagnostic résulte d'une mauvaise perception. Or, dans ce domaine, une mauvaise perception peut avoir des conséquences très fâcheuses, pour ne pas dire létales.

L'exemple suivant montre, de manière individuelle et collective, qu'il faut absolument considérer les choses dans leur intégralité et chercher où se trouvent réellement les racines de la douleur et de la souffrance. Comme pour un diagnostic médical, il est possible d'appliquer de nombreuses approches différentes pour comprendre la nature et la cause profondes de la maladie. Puis, comme pour les traitements médicaux, on peut employer différentes stratégies selon leur pertinence, sur la base du diagnostic et de la manière dont la pathologie se développe. Certaines approches thérapeutiques peuvent être déployées simultanément, d'autres successivement, mais elles doivent toujours être surveillées et modulées en fonction de la réaction du patient.

Dans le cas du monde, nous devrons appliquer tout l'arsenal de sagesse et de créativité humaines à notre disposition afin de poser le diagnostic correct, puis d'établir le plan de soins le plus approprié et flexible pour restaurer la santé et l'équilibre, sans nous égarer dans des efforts désespérés mais erronés, superficiels et mécaniques pour réparer des aspects spécifiques de la maladie sous-jacente alors même que nous ne comprenons ni ce qu'elle est ni ses origines et que nous oublions que « guérir » est fondamentalement différent de « remédier » ou « réparer », bien qu'il s'agisse souvent d'une option plus appropriée et accessible. La guérison n'est pas un processus mécanique qui peut être exigé ou forcé. On se fourvoie considérablement si on ne traite que les symptômes du mal-être et qu'on les aborde avec peur plutôt qu'avec respect pour le patient – le corps du monde, le monde vu et connu tel un seul et même corps, comme il me semble que nous commençons à le voir. Et si les corps individuels finissent inévitablement par mourir, la vie même continue. Pour ce qui est de la planète, c'est la vie même, les générations présentes comme futures, et la santé des ressources, des processus et des mécanismes naturels à sa base qui nous préoccupent ici.

Il y a beaucoup à apprendre de la nouvelle médecine qui émerge aujourd'hui, une médecine qui honore le patient dans sa complétude, sans le réduire à un processus pathologique, qu'il s'agisse d'une infection, d'un trouble ou d'une maladie chronique ou résistante aux remèdes. Elle reconnaît que chacun d'entre nous, quels que soient notre âge, notre histoire et notre point de départ, possède de vastes ressources intérieures insoupçonnées et inexplorées qui peuvent nous permettre d'apprendre, de croître, de guérir et de nous transformer tout au long de notre vie – enfin, si nous sommes à la fois prêts et capables d'accomplir un certain type de travail sur nous-mêmes, un travail intérieur, un travail de vision pénétrante, d'approfondissement de l'intimité avec ces ressources souterraines dont nous ne nous rappelons peut-être pas l'existence ou auxquelles nous ne faisons peut-être pas confiance. Dans *L'Éveil des sens*, nous avons vu à quel point se désaltérer à ce puits peut contribuer à guérir le mental, le corps, le cœur et le sentiment de connexion profonde avec le monde, pour en définitive faire la paix, de manière très réelle et peut-être même agréable, avec ce qui dans notre vie résiste à la réparation ou aux remèdes.

La pleine conscience n'est pas pour autant une sorte d'élixir ou de remède miracle. Elle n'est pas non plus la réponse à tous les problèmes de la vie, médicaux ou politiques. Mais devenir plus intime avec les choses telles qu'elles sont réellement est le premier pas vers la guérison, qu'il s'agisse d'une personne ou d'une nation, de toutes les nations et de tous les êtres. Cette forme de sage attention est un moyen pratique, non naïf, de retrouver notre humanité, d'être ce que nous sommes déjà mais que nous avons peut-être perdu de vue, en un mot, d'êtres humains, pleinement humains. Après tout, nous sommes bien des « êtres » humains. Ce nom que nous nous sommes nous-mêmes attribué tente peut-être de nous dire quelque chose. Peut-être devrions-nous examiner ce qu'il implique réellement. Cet examen pourrait nous amener à saisir ce qu'exige de nous le fait d'être pleinement humain et ce qu'il nous reste encore à accueillir, à goûter, à toucher ou à développer.

Que nous adoptions un modèle auto-immun, cancéreux ou infectieux pour décrire l'origine de notre souffrance et de notre mal-être collectifs – et, en réalité, ces approches sont toutes corrélées, dans la mesure où les maladies auto-immunes et leurs traitements peuvent fréquemment exposer l'organisme aux cancers ou aux infections opportunistes –, il est clair que ce qui apparaît au départ, du moins aux yeux des privilégiés, comme des symptômes tolérables, sinon mineurs et négligeables, de maladies et de malaises sociétaux, tels la pauvreté, le dénigrement, l'injustice, le racisme, la tyrannie et le fondamentalisme, peuvent se retrouver tôt ou tard au cœur même de l'organisme s'ils ne sont pas pris en compte de manière appropriée – ce qui implique de s'occuper des processus morbides sous-jacents qui les génèrent et les nourrissent sans se contenter de masquer ou d'atténuer temporairement les symptômes. Bien entendu, il faut également garder à l'esprit que, comme pour la médecine et les soins de santé, la meilleure approche en politique et en diplomatie reste la prévention.

Le pouvoir des petits riens

Nous avons tendance à associer les manifestations particulièrement choquantes d'ignorance au mal et, par contraste, à nous identifier résolument au bien. C'est une illusion grossière et en définitive inutile, bien qu'elle recèle des éléments de vérité. Ces deux visions – celle des autres comme « mauvais » et de nous-mêmes comme « bons » – pourraient être plus justement qualifiées d'ignorantes. Car toutes deux ignorent la maladie fondamentale, celle qui se manifeste chez les êtres humains lorsqu'ils perdent de vue le caractère précieux de la vie et qu'ils s'en prennent de manière sotte ou gratuite aux autres afin d'assouvir leur propre quête de plaisir ou de pouvoir. Dans le livre des Psaumes de l'Ancien Testament, le mal est souvent qualifié de « turpitude ». Mais peut-être devrait-on plutôt parler de « négligence[19] », ou plus précisément d'inattention à l'éventail complet du paysage intérieur et extérieur de notre expérience. Cette inattention nous permet de distinguer artificiellement le « soi » des « autres », le « Je » du « Tu », pour reprendre la terminologie de Martin Buber, de désacraliser le monde et, par conséquent, de le fonder sur des divisions, des séparations et des frontières artificielles – sur de la mécanique pure. Ce faisant, nous oublions – ou ne percevons jamais – l'unité et l'intégration sous-jacentes plus profondes, qui

---

19. Voir Norman Fischer, *Opening to You : Zen-Inspired Translations of the Psalms*, New York, Penguin, 2002.

permettent de plus vastes possibilités, l'apparition de nouveaux degrés de liberté et une plus grande latitude dans nos manœuvres et notre conduite, qu'il s'agisse de notre vie intérieure ou de la vaste diversité du monde.

Cette non-conscience de l'interconnexion n'est pas « mauvaise » en soi, même si les conséquences qu'elle engendre, qui doivent être reconnues et contenues lorsqu'elles apparaissent, peuvent être monstrueuses. C'est de l'ignorance, une profonde dissonance, une perte de contact fondamentale avec les éléments de base de la relationnalité inhérente à la vie, à l'humanité. Mais cette ignorance ou non-conscience, peu importe la manière dont on la désigne, peut prendre le visage du mal ou nous inciter à associer le mal aux autres, alors qu'en réalité ces derniers, qui n'ont peut-être jamais goûté à la reconnaissance, à la bienveillance et à la connexion dans leur vie ou qui sont prisonniers d'un soi étroitement bâti et de ses désirs, souffrent de la même maladie – l'ignorance, la négligence, la perversion et le mépris de ce qui est fondamental dans la vie. Comme lorsqu'on est confronté à un virus susceptible d'infecter une population vulnérable, nous devons le nommer chaque fois qu'il peut être détecté à ses stades initiaux et agir fermement pour l'isoler et le désactiver.

Pourtant, notre histoire montre qu'à maintes reprises nous avons aidé et encouragé des gens jugés mauvais par la suite. Combien de fois avons-nous regardé ailleurs quand des despotes servaient nos intérêts politiques ou économiques, ou qu'un nombre inconcevable d'innocents se faisaient massacrer dans des pays où nous n'avions pas d'intérêts géopolitiques ? Combien de dictateurs violents, sanguinaires, avons-nous tolérés, soutenus ou armés sous prétexte que nos dirigeants estimaient qu'il était dans l'intérêt national de bâtir des « alliances stratégiques » ? La liste est tristement longue et, avec le recul, laisse profondément songeur. Par le passé, ces choix relevaient peut-être d'une realpolitik intelligente ou s'imposaient à nous dans un environnement international impossible à contrôler ou que nous approuvions plus ou moins secrètement. Mais aujourd'hui, dans un monde aussi interconnecté, ce genre de compromis et d'accommodements avec l'ignorance, ou le mal, si on préfère l'appeler ainsi, ne peut plus aussi facilement se justifier et ne sera plus aussi facilement oublié ou pardonné.

En tant que nation, nous devons avancer à petits pas, voire à tout petits pas, mais à pas courageux, vers une plus grande complétude et une plus grande incarnation de la conscience et du cœur si nous espérons guérir la souffrance du monde tout en nous abstenant de l'aggraver. Nous devrons dans un premier temps reconnaître les racines de cette souffrance, à savoir l'avidité, la haine et l'ignorance, et agir plus résolument pour endiguer les torts potentiels qu'entraîne toujours la soif illusoire de pouvoir aux dépens de la sagesse, de la bienveillance et de l'interconnexion, en nous ou chez les autres. Il importe de ne pas sous-estimer la puissance des avancées les plus infimes vers une plus grande conscience et un plus grand altruisme à l'échelle nationale. Comme nous l'avons déjà noté, les petits riens sont moins petits qu'il n'y paraît. L'image de deux femmes qui acculent un sénateur dans un ascenseur, lui assènent leur vérité à un moment crucial et exigent qu'il les considère comme des êtres humains, qu'il les regarde en face, peut parfois changer les choses[20]. On ne sait jamais. Comme on

---

20. Ces images de deux femmes interpellant le sénateur Jeff Flake dans un ascenseur en septembre 2018 ont fait le tour du monde, contribuant à retarder la confirmation du juge Brett Kavanaugh, accusé d'agression sexuelle, à la Cour suprême des États-Unis. (*N.d.T.*)

ne sait jamais jusqu'où peuvent se propager les ricochets, même si l'objectif immédiat n'est pas atteint.

Dans la Chine antique, c'est ce qu'on appelait *le pouvoir des petits riens*. Gandhi savait que le moindre geste ou mouvement, mûrement réfléchi et moralement ancré, recelait un immense potentiel, telles les énormes quantités d'énergie dans les atomes les plus infimes. Martin Luther King, comme beaucoup d'autres leaders du Mouvement des droits civiques, hommes et femmes, certains connus et beaucoup d'autres inconnus, incarnait cette connaissance et tirait une puissance colossale de cette absence de puissance, de son talent oratoire, de sa persuasion morale et de la fierté longtemps piétinée des gens. Sans oublier les lois sur la durée journalière de travail, le travail des enfants, l'égalité des sexes et la déségrégation, qui ont toutes été votées sous la pression de mouvements citoyens au départ modestes mais déterminés à harceler et à perturber le système – souvent au prix d'énormes sacrifices de la part d'un grand nombre d'anonymes – jusqu'à le faire réagir et changer. Ces réalisations n'ont pas pour origine la Maison-Blanche ou le Congrès, qui n'interviennent que lorsqu'ils y sont contraints – et parfois forcés. C'est ce que certains appellent le pouvoir du peuple. Quel que soit le nom qu'on lui attribue, son potentiel de transformation est immense.

Le monde change en permanence. Rien n'est figé. Quand nous alignons notre être, notre mental originel et sa bonté innée avec le déploiement naturel du changement même et les infinies possibilités de chaque moment, peu à peu, petit à petit, le monde répond. La trame dynamique, toujours changeante, ou mieux, la toile fluctuante d'interconnexion, bouge légèrement grâce à notre réalignement, à notre changement intérieur, à notre rotation dans la conscience et aux manifestations continues qui en découlent.

Et nous ne sommes pas seuls, même si c'est ce que nous croyons. Que nous soyons des citoyens supposés ordinaires ou des représentants supposés du peuple, la pratique de la pleine conscience peut nous permettre de goûter de manière infime et subtile à notre présence et à notre but, à notre disponibilité et à notre bonté – à notre éveil ici même, à l'instant même. C'est-à-dire que nous pouvons goûter encore et encore à ces moments – si nous pensons à nous connecter à eux, quels qu'ils soient, où que nous soyons – et par conséquent connaître le goût de la clarté et de la paix intérieures, tout en accueillant et en cherchant à dissiper les origines de la négligence, de l'exclusion, du tort intérieur et extérieur, du conflit. On peut mettre à profit ce genre d'expériences en se rappelant qu'il est toujours possible de rester en contact avec l'instant présent, de l'habiter, *tel qu'il est*, sans perdre la raison face aux défis et aux opportunités qui nous parviennent, aussi exaspérants, aussi toxiques et aussi inconscients soient-ils.

La vie du corps politique est au moins aussi complexe que celle du corps humain, mais la première n'a pas bénéficié des millions d'années de façonnage et d'affinage de l'évolution et de l'écrémage des solutions les moins efficaces. Si l'espèce humaine n'en est qu'au stade de l'enfance, la gouvernance et la démocratie le sont encore davantage. Lorsqu'on lui demanda son opinion sur la civilisation occidentale, Gandhi répondit : « Je pense que ce serait une bonne idée. » En tant qu'espèce, nous sommes une expérience cosmique en cours. L'univers se fiche éperdument du résultat – contrairement à nous, si tant est que nous nous préoccupions d'autre chose que de nos gains à court terme et de notre confort éphémère. Et c'est clairement le cas. C'est la beauté de notre espèce. Nous aurions tort de nous sous-estimer. Pourtant, comble de l'ironie, la seule intelligence susceptible de nous sous-estimer sur la planète est la nôtre.

Pleine conscience et démocratie

Aussi improbable que cela puisse sembler, le fait que de plus en plus de gens méditent aujourd'hui, ou qu'ils y songent, pourrait être interprété comme un indicateur de l'évolution continue et du développement naissant de la société démocratique.

Les États-Unis d'Amérique sont une nation qui, de manière imparfaite, s'est affranchie assez précocement de l'oppression et de l'autocratie – économiques, politiques et religieuses –, a articulé les principes d'une autonomie individuelle et de l'existence de droits humains fondamentaux « pour tous » et a très tôt défendu la vie, la liberté et la recherche du bonheur. Elle a donc jeté les bases d'une évolution inévitable et continue – bien qu'en pointillé et de façon terriblement ironique, compte tenu de ses racines dans le génocide et l'esclavage – dans la conscience individuelle et collective. De toute évidence, les peuples autochtones et les Africains réduits en esclavage étaient confrontés à une réalité très différente des nobles principes de l'establishment blanc garantis par la Déclaration d'indépendance et la Constitution.

Car, qu'est-ce que la liberté, qu'est-ce que l'indépendance, sinon la possibilité, le droit et même la responsabilité de tous sans exception de trouver sa propre « voie » – on pourrait même l'écrire avec une majuscule – dans le monde en se fiant à ses instincts et à ses expériences, en retenant les leçons apprises en chemin et en grandissant grâce à ces leçons, aussi douloureuses soient-elles, grâce à ses erreurs et à ses méprises ?

Et, au sens métaphorique, qu'est-ce que la croissance sinon une conscience élargie de soi-même en relation avec le plus vaste monde et la place que nous y occupons, une compréhension plus profonde de l'interconnexion de toutes choses et de leur harmonie sous-jacente, y compris au milieu du chaos, et une capacité renforcée à se libérer des forces, intérieures et extérieures, qui nous empêchent de reconnaître clairement ce qui est réel et fondamental ? Qu'est-ce que la croissance au sens métaphorique sinon une empathie élargie aux autres et au monde, une main tendue vers la souffrance parce qu'on la connaît déjà intimement ou qu'on pourrait très bien la connaître ? L'humilité est nécessaire ici. Sans une humilité âprement ou naturellement acquise, il ne peut y avoir de sagesse ou de compassion durable, c'est-à-dire gravées dans les lois fondamentales, et donc de remparts contre l'injustice et la tyrannie brutales. Qu'elle soit intérieure ou extérieure, la croissance qui n'est pas en harmonie avec le plus vaste tout est un cancer, un désaveu de l'ensemble et de l'équilibre, et une menace majeure pour ces derniers. Ce type de croissance n'est ni profitable ni durable dans un corps politique sain, dans une vraie démocratie.

Si chacun de nous, à titre individuel, s'autorise à suivre une voie propice au développement de la conscience, en réponse par exemple à l'aspiration vague mais profonde à se sentir en paix, heureux et plus libre des affres de la déconnexion, de la détresse et du mal-être, tôt ou tard nos relations avec autrui, la société et le monde que nous habitons s'en trouveront affectées. C'est inévitable.

Le bonheur et la paix ne sont ni de simples slogans électoraux, ni des biens susceptibles d'être achetés ou accordés, mais des qualités qui ne peuvent qu'être incarnées et vécues.

Et elles ne peuvent être incarnées et vécues que dans la pratique, au-delà de l'énonciation de principes, aussi nobles soient-ils. Ainsi, aux États-Unis, nous avons vu tous ceux qui, à l'origine, étaient privés, par la loi ou les mœurs, des droits *dits* « universels » à la liberté et à l'autogestion, transformer par à-coups, dans la lenteur et la douleur, grâce à des combats tenaces et courageux, nos consciences et nos lois – sur l'esclavage, les races, les Amérindiens, les femmes, les enfants, le mariage, l'orientation et même l'identité sexuelle –, mais aussi notre compréhension de l'immense souffrance de personnes réelles, de familles réelles, occasionnée par des institutions abusives et les lois et conventions sociales qui les font perdurer – jusqu'au jour où elles changent et sont appliquées, dans leur nouvelle forme, de manière active et vigoureuse. Nous avons encore un long chemin à parcourir à cet égard.

Dans une démocratie évolutive, la liste des injustices sociales et des griefs peut, à tout moment, être longue et déchirante. Mais la croissance se poursuit également, bien qu'elle soit souvent atrocement lente et extrêmement coûteuse pour celles et ceux qui sont exclus de l'abondance, activement opprimés par les injustices du statu quo et condamnés pendant des générations à se satisfaire des ironies de la rhétorique, des indignités et des torts causés par l'exclusion et l'exploitation systématiques. Le coût est également immense pour ceux qui pratiquent l'exclusion, bien qu'ils n'en aient peut-être pas conscience sur le moment, et pour la société même, qui se prive de la richesse de toutes ces vies humaines.

Et pourquoi l'accès à une vraie liberté ne se poursuivrait-il pas, et même ne s'accélérerait-il pas, en commençant dès maintenant, si nous sommes fidèles à nos principes, quel que soit le temps qu'il nous a fallu pour les développer en tant que nation ? Tout s'accélère à notre époque, notamment la vitesse à laquelle nous entrons en guerre. Pourquoi ne pas accélérer la vitesse à laquelle nous entrons en paix ? À quel point sommes-nous désireux de faire la paix, d'incarner la paix, la liberté et la justice pour tous ? Maintenant. Pourquoi ne pouvons-nous pas mobiliser nos ressources collectives et notre volonté collective afin de réaliser ce type de transformation, à laquelle nous affirmons croire et que nous affirmons défendre dans le monde ? Pourquoi ne pas créer un ministère de la Paix, par exemple, aux côtés du ministère de la Défense ? Et pourquoi ne pas promouvoir la paix, la tranquillité et la sagesse intérieures parallèlement à la paix extérieure dans le monde ? Après tout, elles ne sont pas distinctes. Rappelez-vous les mots de Suzuki Roshi, « ni deux, ni une ».

Tôt ou tard, dans toute société fondée sur des principes démocratiques et l'amour de la liberté, les pratiques méditatives en tout genre, ce qu'on appelle parfois les *disciplines de la conscience*, sont vouées à passer au premier plan, comme c'est le cas actuellement à mesure que s'épanouit le climat en faveur d'un approfondissement toujours plus grand de l'indépendance, de l'interdépendance et du bien-être à la fois personnels et collectifs. La démocratie, par sa nature même, encourage et nourrit le pluralisme et la diversité des points de vue. Elle nous encourage à profiter pleinement de nos libertés intérieures et extérieures dans la recherche du bonheur. Elle nous encourage également à faire entendre notre voix. Ce contexte nous incite naturellement à nous examiner et à nous comprendre de manière de plus en plus profonde en tant qu'individu, société et espèce. Cela fait partie du processus d'évolution continue sur cette planète, bien qu'il soit modulé et façonné par nos capacités scientifiques et technologiques à transformer l'environnement et à nous protéger de certains types de risques. Il est étonnant, mais aussi encourageant et compréhensible, qu'un si grand nombre d'Américains se mettent à affûter leur mental, et donc leur vie, par la pratique de la méditation, et qu'ils manifestent une soif aussi profonde de réaliser leur complétude et leur liberté, sans être prisonniers de leur situation, qu'elle soit privilégiée ou non. Cet intérêt croissant pour la pratique de la méditation et son intégration à tous les niveaux de la vie se développe désormais dans des pays du monde entier, y compris lorsqu'ils ne sont pas démocratiques. C'est une marée qui, espérons-le, continuera de monter pendant des décennies et des siècles. Mais cela dépend de votre engagement et du mien à pratiquer la pleine conscience et à l'incarner dans notre vie, chacun à notre manière, modeste mais nullement négligeable. J'y vois à la fois un privilège et une profonde responsabilité.

Bien entendu, la démocratie ne peut s'enraciner et se développer dans une culture qu'à partir du moment où les conditions sont réunies. Elle ne peut être imposée de l'extérieur, pas plus qu'on ne peut imposer la méditation à qui que ce soit, bien qu'elle puisse être intrinsèquement bénéfique dans un contexte favorable. En tant que pays, on peut s'attacher du mieux qu'on peut à nourrir des conditions propices à la liberté universelle et à la fin de l'oppression, de l'exploitation et de l'ignorance pour toutes sortes de raisons et de motifs complexes qui semblent parfois engendrer l'exact opposé. Mais, quel que soit notre désir de voir émerger la démocratie ailleurs, nous devons être patients, attendre que la métamorphose invisible, la transformation intérieure ait lieu, en la nourrissant du mieux possible, dans la mesure de nos capacités, sans pour autant forcer la chrysalide à s'ouvrir avant l'heure, du moins si nous espérons qu'un papillon en émerge. Et tous les papillons ne se ressemblent pas.

Puisque le potentiel de sagesse, de bienveillance, de compassion, d'empathie, de dévouement, de joie et d'amour est déjà niché dans la nature la plus authentique et la plus profonde de l'humanité, où que nous vivions sur cette planète, le développement et le déploiement conscients de ces capacités pourraient avoir un impact crucial sur le choix entre la paix et la guerre perpétuelle, la vraie sécurité et l'insécurité perpétuelle, le mal-être endémique et la vraie libération par rapport à nos tendances autodestructrices. Que risquons-nous à prendre plus délibérément cette direction, à l'opposé des habitudes ancrées d'inattention et de distraction perpétuelles qui nous éloignent de nous-mêmes, nous enferment dans une peur permanente et nous font oublier que nous sommes déjà entiers, déjà complets et que notre véritable sécurité réside dans un corps politique sain, où nous jouons tous un rôle crucial ?

Le fait que le *New York Times* se sente assailli au point de consacrer régulièrement de pleines pages publicitaires aux messages ci-dessous[21] en dit long sur le mal-être de notre pays :

> La vérité nous affecte tous.
> La vérité nous aide à comprendre.
> La vérité ne peut être ignorée.

---

21. *The New York Times*, 22 juillet 2018, p. 9 et 11.

Puis, page suivante :

> La vérité
> exige
> notre attention.

Ce sont des appels à l'éveil. Des appels désespérés. Les entendons-nous ? Il est temps de nous éveiller et d'incarner ce qui compte le plus à nos yeux.

Souvenirs d'une conférence sur le Vietnam – un instantané du passé, ou peut-être du présent ? *Et* du futur ?

J'ai commencé à méditer au milieu des années 1960. Pour quelqu'un qui a grandi dans les rues de New York, dans le quartier de Washington Heights, c'était une activité peu commune. Dans mon entourage, presque personne ne méditait. Il existait très peu de bons livres sur la méditation en anglais (il fallait les chercher dans d'étranges librairies « underground ») et les médias n'en parlaient presque jamais. Je n'ai jamais considéré la méditation comme une forme de « contre-culture » car, à l'époque, ce néologisme n'avait pas encore réellement été créé. Je suppose qu'il s'en dégageait quelque chose d'oriental, au sens romantique du terme. On avait le sentiment que l'« Orient mystérieux » avait découvert puis poli un outil potentiellement pertinent pour vivre pleinement sa vie, qui méritait donc peut-être d'être expérimenté.

Les minuscules graines de dharma qui ont germé aux États-Unis dans les années 1960 ont été semées grâce à des contacts plus précoces avec la méditation bouddhiste et yogique – notamment dans les années 1950, avec les poètes de la Beat generation, dont certains, tel Gary Snyder, s'étaient rendus au Japon pour pratiquer –, associés, bien avant cette époque, au tournant du XXe siècle, à la visite de quelques sommités à l'occasion du Parlement mondial des religions organisé à Chicago. L'ouvrage d'Alan W. Watts, *Psychothérapie orientale et occidentale*, a été un catalyseur important de cette expérience naissante.

J'appartiens à la génération qui a atteint la majorité au milieu des années 1960, celle qui, que nous ayons été étudiants ou non, politiquement engagés ou non, privilégiés – en un sens ou un autre – ou non, semblait expérimenter en nombre inhabituel différentes manières de s'affranchir du conformisme social qui dominait les années 1950. Nous étions de jeunes explorateurs parfois confus, parfois intrépides, en marge de la société mais de plus en plus nombreux, des enfants de l'Amérique en somme, à la recherche d'une forme de clarté, de bonté, d'une promesse que ne nous offraient pas les quêtes conventionnelles de succès, de pouvoir, de statut, de célébrité et de fortune du rêve capitaliste/professionnel/politique dominant – notamment dans le contexte de la guerre froide qui-ne-pouvait-être-décrit-que-comme-surréaliste, où, qui plus est, la « superpuissance » que nous étions menait une guerre impitoyable, jour après jour et année après année, à une petite société agraire sans armée de l'air ni marine, et finit par lâcher plus de tonnes de bombes sur le Vietnam que sur toute l'Europe pendant la Seconde Guerre mondiale. Certains d'entre nous cherchaient un lieu où se positionner, être et travailler, qui offrait l'intégrité d'une plus vaste conscience des choses en dépit des paradoxes et des contradictions qui, comme nous le savions ou l'apprendrions très vite, sont indissociables de la vie en ce monde. Nous étions aussi incroyablement en colère et désabusés face à ce qui se passait.

Lors des réunions du Comité de coordination science action (SACC) du Massachusetts Institute of Technology (MIT), qu'un petit groupe d'étudiants dont je faisais partie fonda en 1968 pour aborder par le biais de dialogues et de conversations publiques la question du profond engagement du MIT dans la recherche sur la guerre et le développement des armes, nous pratiquions souvent le yoga ensemble dans le salon d'un de nos camarades, puis la méditation assise, avant de passer à l'ordre du jour. Ce n'étaient que des tâtonnements, qui n'en demeuraient pas moins sincères, la reconnaissance du sentiment croissant que les changements que nous tentions de catalyser en nous-mêmes et dans le monde n'étaient ni un simple changement de priorités, ni le simple refus que certaines choses se fassent en notre nom, mais une rotation dans la conscience, qui nous paraissait énorme, même si, comparée aux questions et aux forces sociales auxquelles nous étions confrontés, elle pouvait sembler aussi modeste qu'improbable.

Depuis la Seconde Guerre mondiale, deux laboratoires extrêmement réputés du MIT se consacraient presque exclusivement à la recherche sur la guerre. Ils avaient contribué de manière importante à la victoire et, notamment, participé au développement des radars et des systèmes inertiels destinés à guider les missiles et à faciliter la navigation pour les instruments des bâtiments et des aéronefs. Notre mission consistait en partie à inviter la communauté du MIT à prendre part à un vaste dialogue autour de questions jamais évoquées en public à cette époque et, dans ce cadre, à organiser une journée morte sur le campus, durant laquelle nous invitions les gens à suspendre volontairement leurs activités habituelles, y compris les enseignements, les études et les tâches administratives, afin de se consacrer au dialogue et à l'analyse de notre engagement en tant qu'institution dans la recherche sur la guerre et le développement d'armes de destruction massive.

Étant nous-mêmes des étudiants du MIT, et donc rompus à la recherche, nous nous étions démenés pour découvrir ce qui se passait réellement dans notre établissement – des informations dont très peu de gens avaient connaissance sur le campus. La journée morte était censée être un temps de dialogue et d'analyse institutionnel, où chacun pourrait exprimer ses différents points de vue sur la relation entre les sciences et les technologies, leurs usages et possibles abus dans la société, mais aussi sur la pertinence de l'engagement d'une université dans la recherche et le développement d'armes de guerre. Notre initiative déclencha une controverse car le pays était déjà extrêmement polarisé autour de la guerre froide et du Vietnam et nous aggravions les choses en qualifiant notre interruption de travail de « grève ». Les esprits s'échauffèrent et il y eut beaucoup de bruit de toutes parts au cours des mois qui la précédèrent. Mais nous avons tenu bon. Le 4 mars 1969, le MIT ferma toute une journée pour permettre de débattre sur la question de la guerre.

Accessoirement, plusieurs membres fondateurs du SACC encouragèrent – parfois à grand renfort de flatteries – des membres éminents de la faculté du MIT à former leur propre groupe de soutien à cette journée de dialogue et d'analyse. Ces scientifiques, essentiellement physiciens et biologistes théoriques au départ, avaient besoin de beaucoup de soutien et d'encouragement – c'est du moins ce que nous soufflaient notre exubérance et notre orgueil juvéniles. Nous les avons donc aidés à s'organiser, n'hésitant pas à suggérer un nom pour leur nouvelle association, L'Union des scientifiques inquiets (UCS). Aujourd'hui, presque cinquante ans plus tard, l'UCS existe toujours. C'est une association internationale extrêmement respectée. Les éminents scientifiques qu'elle compte parmi ses rangs travaillent sur certains problèmes pressants du monde à la croisée des sciences, des technologies et des questions liées à l'alimentation, à l'énergie, à l'environnement, à la sécurité, au réchauffement climatique et aux politiques publiques. Pour les étudiants que nous étions, c'était une preuve supplémentaire qu'on ne sait jamais comment évoluent les choses et que cela ne doit pas empêcher quiconque de défendre ses convictions, pour elles-mêmes. Le 4 mars 1969 fut un point de ramification fondateur.

L'UCS a-t-elle changé le monde ? Qui sait ? Est-ce que le monde va un peu mieux depuis qu'elle s'occupe et se préoccupe de questions aussi importantes qu'effrayantes qui n'auraient sans doute pas bénéficié de l'attention, aussi infime soit-elle, dont elles bénéficient aujourd'hui sans ses efforts ? Je le crois. Chaque petit geste compte, souvent dans une mesure qui nous échappe, surtout sur le moment.

Dans l'espoir de convaincre George Wald, que je connaissais depuis mon enfance, de prononcer le discours d'ouverture de la journée du 4 mars 1969, quelques représentants du SACC allèrent lui rendre visite aux laboratoires de biologie de Harvard. George Wald était célèbre pour ses cours magistraux de premier cycle. Il avait également reçu le prix Nobel quelques années plus tôt pour son élucidation des processus chimiques visuels. Le professeur accepta immédiatement notre invitation et se mit à rédiger un discours qu'il intitula « Une génération en quête d'avenir ». Le jour venu, il expliqua d'une manière émouvante pourquoi les étudiants inscrits à ses cours extrêmement populaires de sciences naturelles à Harvard lui semblaient de plus en plus insatisfaits. Il évoqua les points essentiels de la journée – la guerre du Vietnam, la guerre froide, la conscription, les crimes de guerre commis par les États-Unis et nos adversaires – et les présenta d'une telle manière que le point de vue conventionnel, le besoin d'être

« réaliste » et d'accepter le statu quo – la course aux armements, les massacres sans fin, toujours justifiés par l'agression du camp adverse, le langage aseptisé qui évoquait de manière objective et rationnelle la guerre nucléaire et ses conséquences – fut mis en lumière et jugé creux, immoral et absurde. Grâce à ses rêveries en apparence improvisées, étayées par des faits et des chiffres, mais aussi par sa puissante autorité morale, il parvint à bâtir un point de vue entièrement orthogonal pour l'époque. On avait le sentiment qu'il adressait un message courageux au pouvoir et, venant de lui et du MIT « en grève », il était clair que la Maison-Blanche, le Congrès et surtout le Pentagone en prendraient note. Son discours émut profondément l'auditoire car, au-delà de nos points de vue respectifs, nous savions que nous étions en présence de ce qui pouvait être une plus grande vérité, exprimée et incarnée par l'éloquence à la fois nuancée et captivante de George. George s'exprima le plus souvent les yeux fermés et la tête penchée en arrière, réfléchissant presque tout seul à voix haute, devant un auditoire silencieux de mille deux cents professeurs, étudiants et employés rassemblés dans l'auditorium Kresge, au cœur même du campus du MIT[22].

---

22. Trente-trois ans plus tard, je suis retourné à l'auditorium Kresge, où, en septembre 2003, le Mind and Life Institute, en collaboration avec le McGovern Brain Institute du MIT, organisait le premier dialogue public entre un groupe de neuroscientifiques et de psychologues occidentaux et des érudits bouddhistes, dont le dalaï-lama. Il s'agissait de comparer deux visions de l'esprit – la perspective méditative, intérieure, à la première personne, et la perspective scientifique traditionnelle, extérieure, à la troisième personne –, dans l'espoir d'ouvrir de nouvelles voies de recherches et de compréhension de la nature de l'esprit. La juxtaposition de ces deux événements dans ma mémoire est extrêmement poignante. George, qui était décédé depuis longtemps à cette époque, aurait adoré.

George a cassé la baraque ce jour-là. C'était un grand orateur, mais ce discours, le plus capital de sa vie, marqua un tournant dans son engagement politique en faveur de la paix. Quelques jours plus tard (le 8 mars 1969), le *Boston Globe* fit paraître l'intégralité de son intervention en cahier central de sa section principale dans le cadre de la couverture des événements du MIT. La version papier eut un tel succès que le *Globe* en réimprima un demi-million d'exemplaires distribués gratuitement. Rien de tel ne s'était jamais produit auparavant, et rien de tel, pour autant que je sache, ne s'est produit depuis.

Cette anecdote donne une idée de ce que de tout petits groupes de personnes peuvent faire pour déclencher des rotations dans la conscience sans forcément s'imaginer l'ampleur du résultat. Chaque génération doit se faire sa propre idée de ce qui se passe réellement dans le monde et de la manière d'interagir avec son héritage, puis appliquer ses énergies et son imagination à ce qui mérite le plus d'être préservé et à ce qui doit être reconfiguré pour servir un objectif plus vaste peut-être passé inaperçu plus tôt. Chaque génération doit évaluer ce que lui ont transmis ses aînés et, en général, le résultat n'est pas très reluisant. Mais cet héritage doit être décrit avec précision si l'on ne veut pas sombrer davantage dans l'illusion et le somnambulisme, et donc causer davantage de tort, y compris à soi-même. Notre volonté de nommer précisément ce qui est peut nous offrir les moyens de perturber avec amour, et idéalement sagesse, l'organisme, le système, le corps politique, dans un esprit patriotique et démocratique au sens le plus noble, afin de forger de nouveaux verres destinés à voir les choses et à les appréhender telles qu'elles sont, et de nouvelles options auxquelles personne n'a songé pour gérer des problèmes pourtant très anciens. Ce n'est pas tant les moyens qui importent que la qualité du mental et du cœur qui les inspire. On ne peut pas se permettre de négliger, d'éviter ou de laisser échapper le pouvoir d'infimes particules de sagesse et d'équilibre lorsqu'il s'agit de façonner notre interface avec le monde. Mais ce pouvoir doit être cultivé. De manière continue. Désintéressée. Et joyeuse.

George Wald a peut-être nommé ce qui devait être nommé ce jour-là, du moins dans l'esprit et le cœur d'un grand nombre de personnes, mais nous devons faire de même pour notre propre compte chaque jour ou presque afin de ne pas perdre le contact avec ce que nous faisons réellement sur cette planète. On a trop tendance à oublier que le corps politique dépend de notre capacité à agir et que notre capacité à agir dépend de notre développement intérieur et de notre capacité à comprendre qui nous sommes, comment nous traitons le monde et comment le monde nous traite – ce que nous offrons au monde et ce que le monde nous offre.

Ce processus est intemporel, comme la conscience même. Mais il doit aussi se déployer dans le temps, presque en continu, compte tenu du mal-être et de la crise perpétuels que connaissent notre espèce, notre planète et notre époque. L'imagination a un rôle immense à jouer ici. Au fil du temps, nous pouvons reconnaître et assumer notre soi le plus vrai et le plus authentique, chacun à notre manière et selon notre cœur. Nous pouvons distinguer la part de notre action ou de notre inaction motivée par l'avidité, la haine, l'illusion, voire l'inertie et l'ignorance, et travailler consciemment – encore une fois, dans la mesure appropriée, à l'intérieur comme à l'extérieur –, *apprendre* à cheminer hors des habitudes déraisonnables qui nourrissent *dukkha*, nous poussent à ne voir que ce que nous voulons voir et à ne faire que ce que nous voulons faire sans percevoir les conséquences trop souvent nuisibles de nos choix. À l'opposé, nous pouvons choisir consciemment des voies qui reconnaissent la douleur que nous nous infligeons les uns les autres dans ce monde, délibérément ou non, et trouver des moyens d'habiter un silence et un sentiment de sécurité plus grands, indispensables pour voir l'autre en soi, et donc de paix. Notre vraie crise est celle de la conscience. Notre vraie libération est dans la conscience. Hummm.

À la fin des années 1960, beaucoup de gens pensaient que nous devions mener une guerre au Vietnam pour contenir le communisme, que les « dominos », pour reprendre une image commune à l'époque, se mettraient très vite à tomber de toutes parts si nous y renoncions et que nous finirions nous-mêmes communistes. Il se trouve que cette évaluation de la situation n'était pas si juste. La maladie n'était pas vraiment au Vietnam, du moins pas celle dont nous devions nous préoccuper. Elle était dans notre manière de voir. Elle était en nous et dans notre peur. C'est encore le cas aujourd'hui.

Le coût de ces malheurs est immense, sur le plan moral et financier, social et spirituel. Et nous nous demandons pourquoi tant de gens dans le monde *nous* perçoivent parfois davantage comme une menace pour la civilisation que les « méchants » manifestes, alors que nous-mêmes nous voyons comme un peuple plein de bonnes intentions, qui se donne tant de mal pour faire le bien et aider son prochain, y compris lorsqu'il fait la guerre. Dans notre esprit, *nous* sommes toujours les « bons ». Je suppose que cela tient au fait que notre espèce, à plus d'un égard, en est encore au stade de l'enfance, que nous continuons à apprendre, même si cela peut paraître un lieu commun, et qu'il est plus facile de remporter une guerre que d'entretenir une paix durable. À ceci près qu'aujourd'hui personne ne sait plus très bien en quoi pourrait consister la victoire. Et que la guerre semble perpétuelle. Peut-être sommes-nous réellement en guerre contre nous-mêmes. Si c'est le cas, peut-être devons-nous déclarer unilatéralement la paix et travailler à la faire durer. Et pourquoi pas maintenant ?

La devise de l'armée de l'air des États-Unis, « La vigilance éternelle est le prix de la liberté », est bien plus juste que ne le soupçonnait l'agence de publicité qui l'a créée. Cette vigilance doit être nourrie par la pleine conscience à tous les niveaux, pas seulement à l'aide d'écrans radars ou de contrôles de sécurité aux aéroports. Cette liberté qui nous est si chère doit être profondément appréciée et comprise. Si nous voulons être des libérateurs, peut-être ferions-nous bien de commencer par nous libérer nous-mêmes de notre non-conscience et de notre aveuglement endémique en déployant une vigilance bienveillante et douce, mais ferme et féroce, vers l'intérieur.

Des hommes d'influence

Dans ce film étrangement visionnaire de 1997, une administration fictive de la Maison-Blanche recrute un spécialiste en communication et un producteur de cinéma pour créer une guerre contre l'Albanie destinée à détourner l'attention des électeurs d'un scandale sexuel qui menace le président des États-Unis. Les chaînes de télévision diffusent en boucle les images d'un événement choquant forgé de toutes pièces. L'objectif est atteint : les citoyens s'enflamment et la Maison-Blanche tient son prétexte pour déclarer la guerre. Pourtant, l'épisode en question n'a jamais eu lieu.

Certains politiques sont prêts à dire, à faire et à accepter presque *tout et n'importe quoi* pour nous convaincre de vérités qui n'en sont pas, en se fondant par exemple sur des événements qui ont un tout autre sens ou qui n'ont même jamais eu lieu. C'est ce qui s'est malheureusement passé en 1964, avec l'incident du golfe du Tonkin, dont nous nous sommes servis pour prétendre que les Nord-Vietnamiens avaient attaqué un de nos bâtiments de guerre, engendrant dix années de carnage et de dévastation. Tous les rapports indiquent que cet incident n'a jamais eu lieu. Qu'il n'y a pas eu d'attaque. Peu importe le motif sous-jacent, que ce genre de phénomènes soit le fait d'intrigants machiavéliques et de cyniques assoiffés de pouvoir, ou plus simplement de naïfs bien intentionnés et de parfaits inconscients au sein du gouvernement, en général le résultat est toujours le même.

Aujourd'hui, il suffit qu'un homme politique ou un grand ponte décrète que telle ou telle chose est bleue, même si elle est manifestement rouge, pour qu'une partie des médias confirme qu'elle est bleue et qu'un certain nombre de gens y croient sous prétexte qu'ils l'ont lu dans les journaux ou qu'ils l'ont vu à la télévision. L'événement en question devient alors au minimum discutable, potentiellement vrai, si bien qu'un grand nombre de personnes y verront, pour reprendre notre exemple initial, une attaque pure et simple contre notre pays, et donc une occasion de s'indigner et de répondre de manière démesurée pour montrer qu'il est inacceptable de nous menacer, de nous malmener et de nous tyranniser. Nous ne sommes plus responsables de ce que nous affirmons. Tout est possible, peu importe l'invraisemblance ou l'absence de fondements. En 2018, le président des États-Unis ment chaque jour de manière effrontée, et apparemment compulsive. Mais les mensonges éhontés ou les dissimulations plus subtiles ne datent pas d'aujourd'hui.

Peut-être que le rouge est *réellement* bleu. Prenez un exemple de votre choix. Peut-être y avait-il un lien entre l'Irak et les attaques du 11-Septembre. Mais, même si cette théorie reposait sur des preuves minimes ou invraisemblables, voire fabriquées de toutes pièces, ce qui fut le cas, beaucoup de gens l'ont assimilée à une vérité, d'autant qu'elle leur était martelée, dans un climat de peur exploitant un sentiment légitime d'insécurité. « Si nous n'arrêtons pas les terroristes en Irak, nous serons à leur merci chez nous et d'autres attaques auront lieu, des attaques impensables, y compris au moyen d'armes de destruction massive vendues par des États véreux. C'est plausible. Attaquons-les avant qu'ils ne nous attaquent. D'autant que nous sommes le camp des "gentils" et des victimes. Inutile de prendre le temps d'analyser la situation dans son ensemble. Inutile d'écouter ce que disent nos alliés et amis. Les choses sont différentes maintenant. Ils sont avec nous ou contre nous. Le bleu est rouge maintenant, et ceux qui prétendent le contraire ne sont pas fiables. Ce sont des traîtres à la patrie. Ils ne se soucient pas du danger qui pèse sur la liberté et la démocratie. » Des hommes d'influence, encore et encore.

Notre secrétaire d'État a donc menti éhontément aux Nations unies. Nous avons gagné une guerre « préventive », c'est du moins ce que nous pensions, évincé un monstrueux dictateur que personne ne regrettait hormis sa clique de criminels de guerre, « libéré » le pays, pour nous retrouver dans un autre bourbier. Nous avons probablement ravivé les forces et la détermination d'al-Qaida dans les prisons américaines d'Irak et, pendant une décennie, incité de nouvelles recrues à grossir les rangs des organisations terroristes du monde entier, dont l'État islamique, par notre arrogance, nos abus de pouvoir et notre besoin de nous identifier à une force du bien, peu importe le coût, souvent pour de mauvaises raisons. C'était plus de dix ans avant Donald Trump.

Est-ce que déformer la vérité a jamais accru la sécurité ? Dans *1984*, George Orwell décrit ce qui peut se produire lorsqu'on refuse d'appeler un chat un chat alors que le moment l'exige, et qu'on finit donc par se laisser convaincre, ou par se convaincre soi-même, que le rouge est bleu et le bleu est rouge, que le blanc est noir et le noir est blanc, ou, comme il le formule, que « La guerre est paix/La liberté est esclavage ».

Et il ne peut guère avoir échappé à l'attention que des propos attribués au général nazi Hermann Goering aux procès de Nuremberg ont largement circulé sur Internet juste après l'invasion préventive de l'Irak, exprimant de manière terrifiante le thème des *Hommes d'influence* :

> Bien sûr que les gens ne veulent pas de la guerre, mais ce sont les dirigeants d'un pays qui déterminent la politique à suivre, et il est toujours facile d'entraîner la population derrière soi, qu'il s'agisse d'une démocratie, d'une dictature fasciste, d'un régime parlementaire ou d'une dictature communiste. Qu'il ait une voix ou non, le peuple peut toujours être amené à suivre les ordres des dirigeants. C'est facile. Il suffit de lui dire qu'il est attaqué et d'accuser les pacifistes de manquer de patriotisme et d'exposer le pays au danger. C'est la même chose partout.

C'est déjà grave de tomber dans la pensée en bleu ou rouge, en blanc ou noir, ou dans les jugements en l'un ou l'autre, en nous ou eux, qui surgissent machinalement d'une perception aussi erronée. Mais lorsqu'on nous demande d'accepter que le noir est blanc ou que le rouge est bleu, comme c'est si souvent le cas, ce sont les limites de la crédulité qui sont repoussées, alors que nous savons que la plupart des situations sont complexes et souvent ambiguës, et qu'elles exigent du discernement, de la perspicacité et une soigneuse évaluation des options et des conséquences si nous voulons assurer une vraie sécurité et promouvoir l'action sage dans le monde. Pourtant, il n'est plus à démontrer que, lorsque les conditions sont réunies, manipulés par les bonnes personnes qui utilisent les bons mots, jouent sur nos peurs et nos préjugés et nous encouragent à négliger notre capacité à voir clairement et à discerner ce qui est de telle ou telle manière et dans quelle mesure, nous sombrons encore et encore collectivement dans l'inconscience, happés par des spasmes de folie qui menacent notre bien-être, pour ne pas dire notre intégrité en tant que nation, voire espèce.

Ne serait-il pas temps de nous éveiller et, quand nous avons le sentiment d'être sous influence, de le dénoncer tout en refusant d'être poussés, de gré ou de force, à la passivité et au somnambulisme ou au sacrifice de notre liberté et de notre bon sens sur l'autel de l'inconscience, de la peur et de la manipulation ? Ne serait-il pas temps d'être attentifs à ce qui se passe réellement à l'intérieur comme à l'extérieur, sous la surface des choses, sans ignorer les signes et les symptômes de la maladie sous-jacente et de son ultime toxicité ? Ne serait-il pas temps d'agir de manière appropriée en nous fiant à la gamme complète de nos intelligences, plutôt qu'aux seuls renseignements militaires suspects, qui sont traités par des esprits potentiellement biaisés et donc incapables d'apporter de la clarté et de la justesse à une situation complexe ? Ne serait-ce pas le bon moment d'assumer notre devoir, à la fois collectif et individuel, d'« être tout ce que nous pouvons être », comme le dirait l'armée américaine ? À moins qu'il ne soit déjà plus que temps et qu'il ne faille nous y mettre sérieusement. Seul le temps le dira.

« Je ne sais pas ce que j'aurais fait sans ma pratique »

Je suis toujours touché par le nombre de gens qui viennent à ma rencontre au cours de mes voyages, qui évoquent brièvement la tourmente de leur vie, puis expriment la même idée de multiples façons : « Je ne sais pas ce que j'aurais fait sans ma pratique. » Il s'agit, bien entendu, de la pratique méditative, et donc de différentes manières d'accueillir l'expérience, toutes les expériences qui, par la pleine conscience, prennent vie et rendent vivant.

Lorsqu'on s'installe dans la conscience de l'instant présent, on se sent nécessairement au plus près des choses telles qu'elles sont, peu importe la manière dont elles sont. Bien entendu, nous sommes toujours au plus près des choses, que nous le sachions ou non. Mais si nous n'en avons qu'une connaissance conceptuelle, notre aptitude à identifier, à comprendre, à reconnaître et à accepter la réalité de notre situation, surtout lorsqu'elle ne nous convient pas, est profondément altérée. Tout comme notre aptitude à agir de manière sage et bienveillante mais également efficace, voire curative. Les actes non sages ne font souvent qu'aggraver les situations difficiles sans même que nous n'en ayons conscience. En réalité, nous nous mettons nous-mêmes des bâtons dans les roues.

La pleine conscience permet de restaurer l'équilibre et la clarté à la croisée des mondes intérieur et extérieur. Elle nous rappelle qu'il est possible d'incarner une plus grande sagesse, et peut-être même un peu plus de compassion ici et maintenant, de se libérer, au moins dans une certaine mesure, de la détresse et de la tourmente émotionnelle au moment précis où la détresse et la tourmente émotionnelle nous affectent, sans pour autant nous fermer à ces dernières. La pratique de la pleine conscience permet d'apaiser le cœur, de focaliser et d'éclaircir l'esprit, quelles que soient les saisons de la vie, même au plus fort des tempêtes, sans pour autant ignorer ou minimiser l'angoisse et l'ampleur de la souffrance, et le besoin de continuer à avancer face à d'immenses et douloureuses incertitudes.

Mais d'où viennent cette sagesse et cette compassion ? Elles sont en vous – elles font partie de vous et peuvent être incarnées dans une plus vaste mesure si vous le souhaitez, grâce à la pratique. Et lorsqu'on cultive la pleine conscience régulièrement, moment après moment, de manière formelle et aussi modestement que possible au quotidien, tout peut se muer en source d'enseignements – en d'autres termes, le monde même nous offre des exemples et des sources infinis de sagesse et de compassion.

Aussi, il faut le répéter encore et encore, la méditation n'est-elle pas ce que vous croyez. Ce n'est pas une sorte de manœuvre intérieure destinée à stopper les pensées, à supprimer les émotions et à masquer les choses par un prétendu « calme » spirituel, artificiel et sirupeux, bien que ce soit une idée largement répandue chez ceux qui ne pratiquent pas, et parfois même chez ceux qui pratiquent. Il ne s'agit pas de réparer, de guérir, d'arriver ou d'atteindre un état particulier. La pleine conscience n'est pas un état. C'est un dépassement de tout état mental, de toute opinion et même de tout diagnostic. C'est une manière d'être en relation avec l'expérience dans le seul moment dont nous disposons. Une manière de se poser dans la conscience même – une conscience capable d'accueillir tout ce qui se passe au moment où cela se passe, sans repousser aucune expérience, même lorsqu'elles sont désagréables ou douloureuses et que nous ne voulons pas qu'elles soient là, ni s'obstiner à rechercher une expérience, même lorsqu'elles sont extrêmement agréables et que nous ne voulons pas qu'elles cessent. La conscience ne s'acquiert et ne se développe pas. Elle est innée, comme les pieds et les mains. Et c'est un aspect central de notre humanité. Ce que la pratique méditative permet de développer, c'est l'*accès* à cette aptitude, de telle sorte que nous puissions, au sens métaphorique, élire domicile dans cette forme de connaissance spacieuse, non conceptuelle, de l'esprit humain et en faire notre mode par défaut pour nous aider à gérer la réalité de la vie moment après moment et jour après jour.

La méditation est véritablement une question de liberté. Comme nous l'avons découvert dans *L'Éveil des sens*, la pleine conscience est avant tout une pratique libératrice. C'est une façon d'être qui nous remet en contact avec toutes les dimensions de notre vie et notre complétude intrinsèque, incarnées ici même, à cet instant même – et l'arrache des griffes de la non-conscience et des habitudes d'inattention et de somnambulisme qui menacent de nous affecter aussi douloureusement, en définitive, que la perte de nos libertés extérieures. Elle y parvient notamment en nous évitant de prendre sans cesse les mêmes décisions déraisonnables, dont les conséquences évidentes pourraient être appréhendées si seulement nous étions prêts à regarder et à voir réellement.

Pour toutes ces raisons, la pleine conscience peut être un catalyseur naturel de l'approfondissement et de l'élargissement de la démocratie – une démocratie dans laquelle la liberté s'incarnerait dans nos discours, nos lois, nos institutions et leur mise en œuvre concrète, ce qui est crucial, mais également dans la sagesse et la compassion durement acquises par chacun d'entre nous, qui sont les fruits de la contemplation profonde de notre vraie nature expérimentée directement de l'intérieur, une sagesse incarnée dans notre cœur et dans notre amour des paysages intérieurs de l'esprit, du cœur mais aussi du corps. Plus ce paysage devient intime, plus il devient familier, plus nous pouvons participer efficacement à la société et apprécier notre beauté et notre potentiel unique. Plus nous serons nombreux à connaître ce terrain de l'intérieur, plus nous partagerons une sagesse et une estime mutuelle susceptibles de se traduire par des communautés plus saines, une société plus saine et une nation qui sait ses priorités et qui les incarne dans le monde avec une révérence et un respect aussi sincères qu'indéfectibles.

Cette forme de liberté ne peut connaître de frontières. Si les autres ne sont pas libres, nous ne pouvons, d'une manière très concrète, être complètement libres ou en paix, tout comme nous ne pouvons être complètement sains dans un monde malsain. Cela ne veut pas dire pour autant que nous sommes en quelque sorte missionnés pour imposer notre vision de la liberté à d'autres cultures. Il vaut bien mieux consacrer notre énergie à guérir, à valoriser et à restaurer la complétude à tous les niveaux de la société, à trouver des terrains d'entente humains. Nul autre combat ne peut réellement apporter la paix et la sagesse au monde. C'est potentiellement l'expression la plus profonde et la plus satisfaisante de notre imagination et de notre force, une source de contentement, de bonheur et de bien-être profonds. En tant que nation, et espèce, il faut désormais que nos forces intérieures s'alignent sur nos forces extérieures, ou même qu'elles les dépassent. Il faut que nous accédions à notre complétude.

Les autres solutions sont trop horribles. Mais peut-être devrions-nous les envisager.

Qui sait, peut-être qu'un jour, à la fin d'une longue journée éprouvante, la présidente des États-Unis se tournera vers son époux ou sa compagne et lui dira : « Chéri(e), je ne sais pas ce que j'aurais fait sans ma pratique » ?

Suspendre la distraction

Au cours de la semaine qui suivit le 11-Septembre, interrogé par un journaliste de la radio NPR sur la manière dont il percevait l'impact de l'attaque sur le psychisme de la ville et de ses habitants, un rédacteur du *Village Voice* parla de « suspension de la distraction ». Il avait remarqué que les gens se regardaient comme jamais auparavant, qu'ils communiaient en silence par des regards furtifs, s'imprégnant mutuellement des visages. Ils ne semblaient plus absorbés par leurs préoccupations et états mentaux habituels. L'inconcevable, l'horreur, les pertes immenses, la pulvérisation de deux bâtiments emblématiques de la ville, avaient plongé les New-Yorkais dans une présence mutique.

La suspension de la distraction. L'expression en dit long. Elle nous touche comme le symbole encourageant de la résilience, voire de la sagesse humaine en des temps meurtris et endeuillés.

La suspension de la distraction. Comme c'est étonnant pour une ville et une société où l'on est poussé presque en permanence à la distraction, où tout se dispute notre attention, où tout assaille nos sens et notre esprit, et où nous nous protégeons si souvent de cet assaut par nos propres distractions et, par la même occasion, nous oublions le plus important, y compris qui nous sommes et ce que nous faisons.

J'ignore combien de temps la culture de la distraction à laquelle les New-Yorkais sont rompus est restée en suspens, car un retour à la norme et à la normale fait sans doute partie du processus de guérison. Mais il y avait beaucoup de choses qui appelaient à l'éveil ce jour-là. Le 11-Septembre révéla manifestement qu'un malaise fulminant, jusqu'à ce jour non reconnu, non pris en compte et non traité, en dépit d'un très grand nombre de signes d'avertissement, peut-être même *aggravé* par notre manque de compréhension de l'interconnexion, peut se frayer un chemin jusqu'au cœur même de notre corps politique et provoquer des souffrances et des dégâts sans nom.

Il nous rappela aussi, de la plus choquante des manières, que tout est impermanent. Je dis bien *tout*. Évidemment, nous le savions déjà au fond de nous-mêmes. Mais au quotidien, nous feignons de croire que nous sommes immortels, que nos créations sont durables, que la vie se déploie avec fiabilité et certitude et que le pire n'arrive qu'ailleurs, à des gens plus malchanceux. Dans une société saine, en paix, un des objectifs de l'ordre social est d'assurer un niveau élevé de certitude et de sécurité aux citoyens grâce à l'État de droit, appuyé par une application efficace de la loi et un système judiciaire impartial, une défense commune, un bon système de santé et des perspectives d'avenir par le biais de possibilités éducatives, économiques et créatives. En tout cas, dans l'idéal. La réalité est très loin d'être parfaite et exige en permanence des ajustements et des approfondissements. En revanche, la loi de l'impermanence est toujours à l'œuvre, que nos institutions soient saines et efficaces ou qu'elles ne le soient pas. Tout change. Rien n'est figé longtemps. Les choses sont fondamentalement incertaines. En temps de conflits et d'instabilité sociale, les effets de cette loi semblent amplifiés et plus imprévisibles. Ce fait en soi peut être terrifiant.

Le 11-Septembre nous montra que même nos plus grandes constructions sont impermanentes et qu'elles peuvent être pulvérisées en un clin d'œil par l'ignorance et la malveillance humaines. Il nous rappela que nos vies, même juvéniles, même saines, même en temps de paix, même au cœur d'une grande ville d'un grand pays, sont soumises à la loi de l'impermanence. À huit heures ce matin-là, les immenses tours, qui jetaient leur ombre sur le sud de Manhattan et masquaient une grande partie du ciel, étaient présentes, comme chaque jour depuis leur édification dans les années 1960. À dix heures et demie, elles avaient disparu. Il était parfaitement impensable que l'impermanence se révèle à une telle échelle, en un clin d'œil ou presque, en temps de paix, et qu'elle puisse ravir tragiquement tant de vies humaines, tant de rêves et d'espoirs, de parents et de soutiens de famille.

Et de la même manière qu'il ne resta qu'un immense vide, qui fut immédiatement sanctifié par l'importance du nombre de victimes, par les efforts désintéressés de celles et ceux qui participèrent, parfois au péril de leur vie, aux opérations de sauvetage ou qui contribuèrent, au péril de leur âme et de leur corps, au nettoyage des décombres, le caractère insubstantiel de ce que nous tenons pour parfaitement tangible, parfaitement réel, se révéla de manière cruelle.

Yeats fit observer que « tout tombe et est reconstruit ». Mais jamais nous n'avions expérimenté collectivement, sur notre propre sol – par des images et des enregistrements déchirants gravés à jamais sur nos rétines et dans nos cerveaux –, la disparition aussi rapide de tant de gens et de tant de choses. Une certaine innocence fut perdue ce jour-là. Notamment parce que nous nous sommes éveillés, ce qui n'est pas une mauvaise chose en soi, découvrant, de manière malheureusement très cruelle, que la forme est vide.

Bien entendu, Hiroshima et Nagasaki ont aussi laissé une trace indélébile, bien que nous n'ayons pas vécu les attaques en direct. Les destructions ont même été plus rapides, presque instantanées, à une échelle bien plus vaste. Mais l'esprit oublie vite. C'était une autre époque, avant l'omniprésence de la télévision. Qui plus est, nous étions en guerre et « ils » étaient les ennemis. « Ils » nous avaient attaqués, sans crier gare.

Certes, mais « ils », les habitants d'Hiroshima et de Nagasaki, étaient des civils qui vaquaient à leurs occupations, des gens qui vivaient simplement dans des villes. Eux aussi pâtirent de dirigeants attachés à leur conception de la grandeur impériale et au sentiment d'avoir raison, qui va toujours de soi lorsqu'il s'agit de sa tribu. Certes, ils faisaient partie de la tribu qui avait choisi d'agresser, mais ces femmes et ces enfants, les personnes âgées et les ouvriers avaient aussi peu à voir avec Pearl Harbor ou le viol de Nankin que les courtiers de Cantor Fitzgerald avec les griefs du monde musulman.

Peut-être est-il temps de comprendre une fois pour toutes qu'il n'y a qu'une seule tribu ici, qu'il n'y a qu'une seule planète où nous habitons tous, un seul corps vivant atteint d'inflammations et d'infections, qui implore d'être apaisé, soulagé, guéri. Notre réponse ne peut consister exclusivement à renforcer le système immunitaire de notre pays ou de notre réseau d'alliés, bien que cela soit important dans le cadre plus vaste d'une authentique intelligence. Mais nous sommes notre propre ennemi ici. Si nous persistons à refuser de voir comment nos actes génèrent de la haine et du mépris, si nous disons une chose tout en en faisant une autre, si nous clamons haut et fort des idéaux démocratiques tout en imposant notre volonté parce que nous sommes assez puissants pour le faire, si nous continuons à penser que nous pouvons nous vendre auprès du monde entier plutôt que d'incarner nos principes les plus profonds par nos politiques et nos actes, nous ne parviendrons pas à nommer, à affronter ou à guérir la source du mal-être mondial dont nous souffrons individuellement et collectivement. Peut-être est-il temps, en tant que peuple et nation, de persister collectivement dans la suspension délibérée de la distraction et de réexaminer la façon dont nous nous traitons et nous comprenons mutuellement, mais aussi dont nous accueillons notre propre souffrance de telle sorte qu'elle nous conduise à devenir plus sages plutôt qu'à renforcer l'ignorance et la souffrance.

Peut-être est-il temps de faire de la suspension de la distraction un mode de vie. Imaginez à quel point ce serait sain, pour nous-mêmes et pour le monde entier. Nous pourrions réellement connaître la paix parce que nous serions en paix. Pas naïfs, pas faibles, pas impuissants, mais réellement puissants, incarnant la paix et jouissant de la paix, dans notre vraie force, dans notre vraie sagesse.

Et pourquoi pas ?

Moments de silence

Le 11 septembre 2002, à l'instant même où le premier avion s'enfonçait dans la tour nord du World Trade Center un an plus tôt, rassemblés sur le site rebaptisé Ground Zero, les familles des victimes et les survivants, accompagnés de différents dignitaires, de badauds et de personnes venues accomplir un pèlerinage solennel, furent invités à observer un moment de silence.

Au volant de ma voiture dans le Massachusetts, je participai à ce silence par le biais de la radio, comme certainement des millions de gens dans le pays et dans le monde. Chacun savait quoi faire. Aucune instruction ne fut donnée. Personne ne nous dit comment nous devions nous sentir, ce que nous devions ressentir ou comment gérer nos pensées et nos émotions. Cela aurait été absurde, irrespectueux et totalement inapproprié. Les organisateurs n'auraient jamais songé à donner des instructions pour gérer un moment comme celui-ci. Ce n'était, et ce n'est tout simplement pas nécessaire dans de telles circonstances.

Tout le monde sait déjà ce qu'est un moment de silence. Nous étions tous unis dans ce silence, chacun avec ses propres pensées, ses propres émotions, sa propre détermination et son propre deuil, quelle qu'ait été notre relation à l'événement. Et chacun d'entre nous, c'est parfaitement évident, le vit différemment.

Lorsqu'une perte éveille en nous une tristesse et une peine profondes, après les larmes et les lamentations, après le désespoir, vient le temps du silence. C'est même plus qu'une prière. Les prières, qui sont aussi offertes dans ces moments, ne se substituent pas au silence. Le silence est l'ultime prière.

Nous parlons de recueillement pour désigner un moment de silence. Comme c'est approprié. C'est une plongée dans l'instant présent, en pleine conscience et le cœur ouvert, qui permet à tous nos sentiments, exprimables ou inexprimables, conciliateurs ou vindicatifs, optimistes ou désespérés, d'être juste là. C'est un moment de pur être. Mais aussi un signe adressé à une part profonde de nous-mêmes, que nous n'effleurons que brièvement, avant de nous en éloigner, peut-être par gêne ou tout simplement par manque de familiarité. C'est un témoignage. En témoignant, nous supportons notre fardeau plus aisément, mais nous démontrons aussi que nous sommes plus vastes que lui, que nous sommes capables de le recueillir, de l'honorer et de lui donner, comme à nous-mêmes, un contexte, et donc de le dépasser sans jamais l'oublier.

Plus tard ce jour-là, en réfléchissant à mon expérience, j'ai imaginé ce qui se serait passé si, au lieu d'un moment de silence, nous avions été invités à observer cinq minutes de silence, ou dix minutes, voire une heure. Aurions-nous malgré tout su comment faire face à l'ampleur, à la barbarie et à l'absurdité de cette tragédie ? Je ne parle pas d'un Desmond Tutu, d'un dalaï-lama, d'une Mère Teresa ou d'un Martin Luther King. Mais de gens ordinaires comme vous et moi. Serions-nous capables de demeurer dans la conscience de nos cœurs brisés ? Pourrions-nous être immobiles ? Sans durée prédéterminée ? Pourrions-nous malgré tout habiter ce lieu en nous d'où émergent le recueillement et le témoignage ? Après tout, nous ne les « faisons » pas émerger. Pourrions-nous malgré tout habiter ce lieu en nous où règne le silence, qui témoigne de toute l'ampleur de ce qui est passé, y compris de ses conséquences impossibles à prévoir sur l'avenir ? Pourrions-nous malgré tout habiter ce lieu où tout est simplement tel qu'il est, à cet instant, sans frontières entre passé, présent et futur, qui s'offrent tous à nous maintenant dans ce qui est connu et dans ce qui demeure inconnu ? Et cette forme de silence n'agirait-elle pas sur nous ? Est-ce qu'elle ne nous élargirait, défierait, développerait, changerait, guérirait pas ? Je pense que si.

Une cérémonie du souvenir ne peut être qu'une affaire de mémoire. C'est la convergence de la mémoire et du présent. Il s'agit d'honorer les morts, les blessés et les héros dans l'instant, qui est toujours présent, car l'instant présent est, ironiquement, mystérieusement, la seule réalité durable.

Le moment de silence le plus bref est une manière d'accéder au présent mais aussi d'avancer. Il permet de tourner une page, ou du moins il indique un tournant. D'une certaine manière, nous savons que ce tournant peut survenir, mais d'une autre manière nous savons qu'il ne surviendra jamais. Je me suis donc demandé si nous pouvions observer un moment de silence en mémoire (en souvenir) de ce qui est passé, mais également de ce qui passe à l'instant où il passe. Pourrions-nous accueillir en silence la colère, y compris la nôtre, lorsqu'elle s'élève, et témoigner de cette colère de la même manière ? Pourrions-nous accueillir par des moments de silence l'incrédulité, le chagrin, la peur, le désespoir, la haine, l'instinct de vengeance ?

Il me semble que nous possédons déjà cette capacité en nous. Sinon, nous n'observerions pas de moments de silence dans nos cérémonies publiques et nous ne saurions pas de manière instinctive, intuitive et sage, comment être dans ces moments, c'est-à-dire tels que nous sommes, conscients, sans faire quoi que ce soit, observant et, par conséquent, étreignant la plénitude de ce qui est… à cet instant, au-delà de l'agir.

À cet instant.

L'ascendant de la pleine conscience

Chris Hedges, ancien correspondant de guerre du *New York Times*, qualifie le patriotisme, au sens conventionnel, de « forme à peine voilée de culte de soi collectif ». Il souligne qu'au seul XXe siècle plus de 62 millions de civils ont péri dans des guerres, soit près de 20 millions de plus que des soldats. Lorsqu'on parle de tuerie, ce n'est pas au sens figuré.

Et pour quoi ? Les événements qui conduisent aux guerres ne sont-ils pas très souvent le résultat d'un attachement aveugle à des visions dérangées et de plus en plus toxiques qui, comme le souligne Hedges, se réclament de mythes nationaux impossibles à réfuter pendant les spasmes du conflit et la période qui y conduit, mais que les deux camps s'accordent à trouver par la suite insensées, folles et potentiellement évitables – une endémie aux proportions cataclysmiques ?

Songez au comportement global des Allemands pendant la Seconde Guerre mondiale. Agressions systématiques, génocides, meurtres et chaos – le tout bureaucratisé à une échelle sans précédent, orchestré tel un inventaire par des comptables dépourvus de scrupules et de sensibilité humaine. Tous les Allemands étaient-ils « pervers » ou se sont-ils simplement réfugiés, de manière compréhensible, dans le déni, le cloisonnement et la rationalisation grotesques face à ce qui débuta comme la concrétisation d'un mythe par une minorité violente et impitoyable – le mythe de leur propre grandeur et de l'infériorité des autres peuples (qu'ils finirent par déshumaniser et condamner à une éradication systématique), auquel de nombreuses personnes à l'époque voulaient en quelque sorte croire, qui trouva secrètement un écho en elles et pervertit leur humanité même, en dépit de leur instinct et de leur bon sens, pour certains du moins ?

Aujourd'hui, ce sont nos amis. Seules trois générations ont passé. Ils sont « nous » et c'est le sentiment qui prévaut quand j'enseigne en Allemagne et que je passe du temps avec de merveilleux collègues et amis. Grâce au plan Marshall, la société allemande est redevenue prospère après le cataclysme. C'était un acte de sagesse morale et de perspicacité économique immense de la part des Américains. La maladie du nazisme n'appartient au passé que parce qu'elle a été abordée de front. Peut-être la société allemande, entre autres, est-elle en quelque sorte immunisée aujourd'hui, mais pour combien de temps ? Les États-Unis ont bénéficié d'une très grande bienveillance dans le monde après la guerre, à cause de leur sacrifice, de leur générosité et de leur sagesse. Mais ce sentiment, généré à une autre époque, par une autre génération, a disparu depuis longtemps. La bienveillance peut s'étioler lorsqu'on s'éloigne trop de sa bonté intrinsèque et qu'on est aveugle à sa dérive, assoupi, bercé par sa propre rhétorique non examinée, oubliant que les choses changent et qu'il importe d'être attentif à leur évolution.

Comme d'autres virus, ceux de la peur et de la haine peuvent demeurer latents jusqu'à se dissiper de notre mémoire, puis nous réinfecter au moyen des mêmes platitudes, demi-vérités, altérisations à peine voilées – le racisme, l'antisémitisme, l'homophobie, « l'ennemi », « eux », les intrus, les pauvres, les immigrés, ceux qui ne sont ni à leur place ni bienvenus – et de vertus prétentieuses qui en appellent au sang quand la sagesse en appelle à la raison, à la bienveillance, à la diplomatie et le plus souvent à la patience ou, parfois, notamment lorsqu'un génocide est en cours, à une action militaire ou policière internationale prompte, mesurée, habile et stricte, sans perdre de vue la vision d'ensemble, la globalité.

Si nous avons le vague espoir de ne plus succomber au dénominateur commun le plus bas de notre karma historique – déclencher sur-le-champ une opération militaire massive alors qu'une approche médicale, diplomatique, voire chirurgicale serait plus appropriée à notre époque –, nous devons cultiver la sagesse et la pleine conscience comme si notre vie même – et notre intégrité – en dépendait, sans nous détourner de nos priorités. Les conflits sont intérieurs autant qu'extérieurs. Si la sagesse était cultivée plus délibérément en politique et en diplomatie, de nombreuses crises pourraient être anticipées ou évitées avant que le fléau de l'ignorance déguisée en « mal » ne puisse plus être traité que par la puissance militaire pour préserver ou restaurer la liberté et le bonheur et, très souvent, de nouvelles occasions commerciales. Pour qu'une telle sagesse prévale, peut-être serait-il bon de porter nos compétences intérieures au même niveau de sophistication que nos armes et nos entraînements au combat. Pour y parvenir, peut-être pourrait-il, et devrait-il, y avoir plus de moments de silence, de silence et de réflexion authentiques, à la Chambre et au Sénat, au Pentagone et à la Maison-Blanche, partout.

J'étais à la bibliothèque du Congrès le soir où le maître zen vietnamien, poète et militant de la paix Thich Nhat Hanh a donné une conférence sur la pleine conscience destinée aux membres du Congrès et à leurs familles. Il a commencé par lever les deux bras en s'exprimant à peu près en ces termes : « Avec ce bras [indiquant le bras droit], j'écris de la poésie. Avec cet autre bras, je ne le fais pas. Mais cela signifie-t-il pour autant qu'un des bras vaut moins que l'autre ? Tous les deux font partie de mon corps et je dois les honorer tous les deux. » Il faisait référence aux peuples et aux pays différents qui, malgré des visions, des traditions et des croyances divergentes, font tous partie de ce même monde, de la même manière que les deux bras, aussi différents soient-ils, font partie du même corps. Cette conférence inaugurait une retraite en pleine conscience réservée aux membres du Congrès et à leurs proches. Douze représentants y ont participé au moins en partie. Rien de tel ne s'était produit auparavant. Et rien d'extraordinaire n'en est ressorti, du moins à ma connaissance.

Pourtant, on ne sait jamais ce que deviennent les graines qu'on sème. Certaines restent très longtemps en latence avant de germer. La vie est le plus souvent chaotique et complexe. Nous devons l'admettre et l'accueillir sans nous laisser décourager ou dissuader par des obstacles à la transformation en apparence insurmontable. Ce week-end de méditation réservé au Congrès n'a peut-être pas été un tournant majeur. Ou peut-être l'a-t-il été sans que nous ne le sachions avant longtemps. La visite de Thich Nhat Hanh et les apparitions périodiques du dalaï-lama à Washington ont peut-être déjà semé des graines de pleine conscience, susceptibles d'être arrosées délibérément, par bon sens, dans la vie de ceux dont le travail consiste à préserver l'intérêt général, le bien commun. Ces graines germeront et se développeront peut-être à mesure que les gens comprendront combien elles sont précieuses – bien au-delà du bouddhisme auquel il est si facile de les identifier, ce qui incite certains à les dénigrer, quand leurs représentants sont des moines issus d'autres cultures – et pertinentes pour apaiser et guérir nos cœurs angoissés et nos esprits agités, mais également pour nous permettre de contempler les mondes intérieur et extérieur dans leur totalité. Dans cette contemplation, cette prise de conscience, nous retrouvons finalement notre bon sens, pas comme une fin en soi mais comme une façon d'être, comme un nouveau départ, une réaffirmation de notre complétude, de notre capacité à vivre sagement et à aimer ce qui est ici pour être aimé, au cœur du chaos. À mesure que ces graines germeront et s'épanouiront dans notre société, peut-être nous rendrons-nous compte qu'elles ne concernent pas quelqu'un d'autre – qu'elles nous concernent toujours nous, moi, vous, nous tous êtres humains, *Homo sapiens sapiens*, l'espèce consciente et consciente d'être consciente. Il est temps de nous frayer un chemin de vie jusqu'à ce nom. Ou plutôt, il est grand temps.

« N'envoie jamais demander pour qui sonne le glas ; il sonne pour toi. » Le glas auquel faisait référence le poète John Donne est la cloche des funérailles, la cloche qui nous rappelle la brièveté de notre séjour en ce monde. Mais il existe une autre cloche, la cloche de la pleine conscience, qui sonne aussi à tout moment, ou qui le peut, si nous prêtons attention, nous invitant à redécouvrir et à retrouver la raison à tout instant, nous rappelant que nous pouvons nous éveiller à notre vie maintenant, tant qu'il en est encore temps. La cloche de la pleine conscience sonne aussi pour vous. Elle sonne pour nous tous. Elle sonne pour célébrer la vie et ce qui pourrait *être*, si nous parvenons à l'entendre dans sa plénitude, si nous nous éveillons.

Comprendre et respecter intimement la légitimité sous-jacente des choses, la beauté du délicat équilibre de la vie, ce que nous appelons dharma universel, tao, homéostasie, harmonie ou paix, mais qu'on peut appeler autrement, est indispensable chez ceux dont la responsabilité consiste pour un temps à veiller au bien-être du corps politique en créant et en affinant des lois à partir d'une sagesse collective à laquelle nous pouvons nous fier parce qu'ils sont nous et que nous sommes eux et que nous le savons tous, chez ceux choisis brièvement pour piloter le navire de l'État, parce que eux aussi sont nous et que nous sommes eux et qu'ils le savent, et chez ceux dont le travail consiste à faire respecter les lois qui régissent notre manière de vivre. Cet amour, ce souvenir, ce respect, même lorsqu'on est confronté aux problèmes les plus épineux et à leur résistance endémique au changement ou à la réconciliation, peuvent nous permettre à tous de nous épanouir et de guérir petit à petit nos blessures dans un monde qui s'épanouit également dans un flux dynamique toujours changeant où le comportement éthique, la non-violence, la bienveillance, la vérité et la sagesse du savoir et du non-savoir sont privilégiés. C'est ainsi que nous pourrons continuellement nourrir, à l'échelle individuelle et collective, l'émergence de ce qui est réellement possible pour nous-mêmes et pour les générations à venir, pour tous les êtres sentients et pour cette planète qui est notre demeure.

Il est déjà arrivé des choses plus étranges ! Les êtres humains que nous sommes sont étonnamment imprévisibles et riches de surprises. En définitive, peut-être nous surprendrons-nous nous-mêmes.

> Le pouvoir correctement compris n'est autre chose que l'aptitude à atteindre un objectif. Et l'un des grands problèmes de l'histoire, c'est que les concepts d'amour et de pouvoir ont généralement été présentés comme opposés – aux antipodes – si bien que l'amour est associé à un renoncement au pouvoir et le pouvoir au refus de l'amour.

Il faut corriger cela. Nous devons prendre conscience que le pouvoir sans amour est dangereux et abusif, et que l'amour sans pouvoir est sentimental et anémique. Le pouvoir au sens le plus noble est l'amour mettant en œuvre les exigences de justice, et la justice au sens le plus noble est le pouvoir corrigeant tout ce qui fait obstacle à l'amour. C'est précisément cette collision entre le pouvoir immoral et la morale impuissante qui constitue la crise majeure de notre époque.

Martin Luther King Jr
(1967, dans sa dernière allocution
en qualité de président de la
Southern Christian Leadership Conference)

DEUXIÈME PARTIE

PRENONS PART À LA BEAUTÉ QUE NOUS CHÉRISSONS

Aujourd'hui comme tous les autres jours,
nous nous éveillons vides et effrayés.
N'ouvrez pas la porte de votre étude
pour vous mettre à lire.
Décrochez du mur un instrument de musique.
Prenons part à la beauté que nous chérissons.
Il existe des centaines de façons de s'agenouiller
pour embrasser la terre.

Rûmî

Devenir plus sage grâce aux différentes façons de connaître

Avec ces mots, dont l'écho résonne toujours après neuf siècles, Rûmî nous invite à révérer l'instant présent, qu'il est si facile d'oublier quand, face à notre inconfort et à notre mal-être endémiques, nous persistons machinalement à ouvrir la porte de notre étude et à nous mettre à lire (et à penser) alors que nous pourrions « décroche[r] du mur un instrument de musique », le plus accessible étant notre propre corps vivant, et laisser la beauté que nous chérissons, si nous parvenons à être en contact avec elle, se révéler grâce aux multiples états dans lesquels nous nous trouvons dans l'instant présent, ici et maintenant. Ce n'est ni plus ni moins qu'une exhortation à être réellement en contact avec ce qu'il y a de plus fondamental, de plus important, et un clin d'œil au fait qu'il n'existe pas une voie unique pour y parvenir.

La révérence apparaît lorsqu'on est confronté à l'incompréhensible. Par « incompréhensible », je n'entends pas quelque chose qui ne peut être compris, mais qui peut être compris de multiples façons si l'on est suffisamment attentif. En définitive, quand nous parvenons au bout de nos pensées, aussi brillantes, imaginatives et éclairées soient-elles, de notre logique, aussi ancrée soit-elle dans la raison, et de nos analyses, il reste un fond de sentiments qui dépasse totalement la pensée, comme lorsqu'on est transportés par de merveilleux accords musicaux, frappés par la beauté d'un chef-d'œuvre de la peinture, le miracle d'une chrysalide ou d'un rai de lumière à travers les séquoias. Il apparaît un sentiment d'émerveillement qui transcende la pure explication. Le fait – quel qu'il soit – plane dans le mystère de son indéniable présence phénoménologique en relation avec nos sens, notamment l'esprit non conceptuel, qui saisit, qui connaît. Je parle du mystère de l'existence même d'un événement ou d'un objet, sa présence comme phénomène, ses liens avec tout autre phénomène, tout ce qui a jamais été, son existence numineuse et lumineuse. Dans le cas d'une œuvre d'art, même l'artiste ne peut réellement expliquer son origine.

Il n'y a pas de mots pour désigner ces sentiments numineux et lumineux et nous oublions souvent à quel point ils prévalent dans notre expérience. Nous pouvons trop facilement leur devenir insensibles et cesser de noter que nous les éprouvons ou que nous sommes capables de les éprouver tant nous sommes prisonniers d'une certaine forme de connaissance à l'exclusion des autres. Nous pouvons perdre ce sentiment de révérence bien que l'émerveillement soit à portée de main à tout moment, dans la nature, les animaux et les plantes, les rivières et les montagnes, les vallées et les panoramas, et bien que notre être même, notre nature, nos os, nos cellules, notre vie parlent résolument en sa faveur. Nous sommes tellement prisonniers de nos habitudes d'attention limitée ou d'inattention pure et simple – ce qu'on pourrait appeler la non-conscience – que nous pouvons même négliger le ciel bleu ou le parfum d'une rose, les trilles de l'alouette ou le sourire ravi d'un bébé, la sensation du vent sur notre peau ou de la terre sous nos pieds.

N'ayant aucun mot pour désigner ce domaine de la relationnalité, nous avons tendance à nous rabattre sur le mécanique, et notamment le langage machine, pour tenter de nous convaincre qu'il n'échappe pas à notre compréhension. En réalité, le langage dominant de la réflexion sur la biologie, les organismes vivants, le cerveau et le corps, voire l'esprit, est un langage machine, chargé d'images machines, d'analogies machines, et comme nous comprenons mieux les machines et que nous fabriquons toujours plus de machines extraordinaires, notre langage et nos images machines sont de plus en plus subtils et peut-être de plus en plus convaincants. Les machines numériques, et bientôt quantiques, c'est-à-dire les ordinateurs et les algorithmes qui les font fonctionner, en font désormais partie.

Il n'est pas rare d'entendre les biologistes décrire l'unité fondamentale de la vie, la cellule, comme une usine dotée de machines, d'entrées et de sorties, de systèmes de contrôle et de fonctions caractéristiques qui, au fil de l'évolution, ont engendré toutes les structures et formes complexes, la « machinerie », qui assurent ces tâches avec tant d'élégance et d'efficacité. L'analogie fonctionne et, dans une certaine mesure, se révèle plutôt satisfaisante. Les cellules s'apparentent bien à de toutes petites usines, mais voici pourquoi elles suscitent l'émerveillement. Ce sont des nano-usines qui travaillent à l'échelle atomique et moléculaire, mais aussi macromoléculaire. Apparemment conçues à partir de plans contenus dans leur ADN et leur propre structure, elles activent et désactivent des gènes de multiples manières selon les fonctions que celles-ci « doivent » exécuter (il s'agit là d'anthropomorphisme). Chaque cellule contient ses propres structures et composants spécialisés : les ribosomes et le réticulum endoplasmique pour synthétiser les protéines ; la membrane, ses canaux ioniques et ses sites-d'amarrage-de-molécules-réceptrices pour réguler la circulation bidirectionnelle avec son environnement, y compris d'autres cellules plus ou moins lointaines ; les microtubules pour les échafaudages structurels, le mouvement et le transport de composants internes ; les mitochondries, véritables centrales électriques, qui semblent elles-mêmes de minuscules cellules vestigiales, dotées de leur propre ADN niché il y a des milliards d'années dans les cellules nucléées, et dont le nombre peut varier de quelques-unes à plus de dix mille, selon les besoins. La quasi-totalité des cellules de notre corps, à quelques exceptions près, tels les globules rouges du sang, suivent ce schéma. Et n'oublions pas qu'il ne s'agit pas d'une simple abstraction. Nous savons que ces structures et beaucoup d'autres œuvrent constamment, à tout instant, dans notre corps, aux niveaux moléculaires les plus infimes, pour nous maintenir en vie – c'est grâce à elles que notre cœur bat et que nous pouvons voir, ressentir et même en quelque sorte penser.

Bien entendu, les billions de cellules présentes dans notre corps fonctionnent comme une société. Des cellules liées par la naissance et leur appartenance à un organisme plus vaste, mais également au monde vivant dans lequel tous les organismes, petits et grands, partagent le même code génétique et les mêmes outils pour le déchiffrer, bâtir d'autres cellules, s'entretenir et se reproduire. Il existe de très nombreuses variations sur un très petit nombre de thèmes fondamentaux chez les organismes vivants qui peuplent cette planète et toutes ont besoin des cellules pour se déployer.

Songez un instant que chacun d'entre nous (grâce aux manœuvres parfaitement mystérieuses de cette société cellulaire) s'est développé à partir d'une unique cellule pour atteindre, selon les estimations communes, cent billions de cellules, c'est-à-dire 100 000 000 000 000. Les mathématiques nous permettent fort heureusement de conceptualiser et d'écrire des nombres aussi inconcevablement grands, qui dépassent très rapidement notre expérience sensorielle : 10^2 (cent) × 10^{12} (un billion) = 10^{14} (cent billions). Songez un instant que cette unique cellule a engendré toutes les cellules qui constituent votre corps et toutes les structures bâties à partir de ces cellules : les os, les muscles, la peau, le foie, le cœur, les nerfs, les glandes et même les structures « spécialisées » au sein des yeux, des oreilles, du nez ou de la langue qui nous permettent de percevoir la lumière, les sons, les odeurs, les saveurs et le toucher. C'est stupéfiant, tout comme le fait de pouvoir bouger un bras ou un doigt de notre propre gré. D'ailleurs, qu'est-ce que la volition, d'où vient-elle et comment apparaît-elle ?

Songez simplement que les brins d'ADN de votre corps, selon certaines estimations, font au total plus de 100 milliards de kilomètres de long pour seulement deux nanomètres (2×10^{-9} mètres) de large et que cet ADN n'est pas inactif mais qu'il s'ouvre et se ferme constamment tout en œuvrant au fonctionnement continu de la cellule. Et tout cet ADN tient confortablement dans les espaces les plus infimes du noyau de nos cellules, au sein de chromosomes encore plus complexes qui facilitent la lecture de leurs gènes en fonction du type de cellule et leur propre duplication au moment de la division cellulaire.

C'est une incroyable prouesse architecturale. Tous les aspects de la conception des systèmes vivants sont à proprement parler incroyables, impossibles à croire, bien plus sophistiqués et infimes par leur échelle que les ordinateurs ou les machines les plus élaborés jamais développés à ce jour. Et songez que *chacun* des 86 milliards de neurones que compteraient le cerveau humain et le système nerveux central (sans parler du nombre plus ou moins identique de cellules gliales dont les fonctions et les « objectifs » ne sont que vaguement connus) possède plus d'un millier de ramifications (dendrites) destinées à recevoir des décharges d'autres cellules nerveuses, qui s'étendent pour toucher et pousser, amplifier et tempérer ses propres activités et celles de ses voisins, proches et lointains, à travers leurs propres axones et dendrites. Mais, le plus stupéfiant, c'est que nulle part, dans aucune de ces cellules, aucune de leurs parties, vous ne trouverez un « vous ».

En outre, chacun de nos neurones possède de nombreuses molécules réceptrices de neurotransmetteurs intégrées dans la membrane cellulaire aux jonctions synaptiques. Ces récepteurs sont constitués de molécules protéiques assemblées de telle manière qu'elles ne s'ouvrent qu'en réaction à des messages chimiques spécifiques (les neurotransmetteurs), créant des canaux sélectifs dans la membrane cellulaire, qui permettent de modifier l'état de la cellule dans des conditions changeantes. À tous les niveaux, le corps humain – comme tous les organismes vivants – est un *univers* d'une complexité inimaginable, qui n'en demeure pas moins simple et élégant dans son unité fonctionnelle, dans sa complétude, dans son être même.

Et n'oubliez pas que nous parlons de « vous », et non d'une autre galaxie, d'un autre temps, dignes d'un récit de science-fiction.

Pourtant, ces métaphores inspirées de l'architecture et de la mécanique, des machines et des usines, moléculaires ou supramoléculaires, sont limitées et limitantes, bien que leur vérité partielle soit belle.

Ce qu'elles omettent, ce sont les autres manières de connaître qui nous sommes et ce que nous sommes, au-delà de la logique, des flux d'informations et de la pensée. Car nos métaphores mécaniques tendent à laisser de côté la révérence, l'émerveillement, le miracle de ce processus, son existence même. Ces descriptions écartent tout ce qui ne peut s'expliquer précisément malgré ce que l'on sait dans notre tête. Elles écartent l'*expérience* et le mystère de l'*expérimentation*. Elles écartent la sentience. Nos connaissances analytiques et mécaniques du monde ont beau être fiables, impressionnantes et utiles, elles ont tendance à négliger le fait qu'il reste toujours des zones plus ou moins infimes, plus ou moins vastes, qui échappent à notre compréhension, qui ne peuvent, dans certains cas, être connues que d'une perspective plus élevée, à l'échelle de systèmes entiers, ou qui sont trop complexes pour être parfaitement connues, notamment la manière dont « est » l'univers ou notre cerveau (si je disais dont « fonctionne » ou « est construit », je serais déjà dans le langage de la machine).

Ainsi, à tout moment, nous sommes dans l'ombre autant que dans la lumière, enténébrés autant qu'éclairés et illuminés, quel que soit le niveau de sophistication de nos modèles et de nos explications. Nous souffrons d'une forme de carence et de dénaturation si nous négligeons ces autres manières de percevoir, de sentir, de savoir et d'explorer nos paysages intérieur et extérieur. Et nous souffrons également si nous nous abstenons d'explorer et de nous familiariser avec les frontières de notre connaissance, le vaste domaine de ce que nous ne connaissons pas.

Bien entendu, nous le savons tous. L'exemple type est celui de l'amour désintéressé. Il n'y a aucun moyen de l'expliquer ou même de le décrire qui puisse lui faire justice. La poésie donne de meilleurs résultats que les neurosciences à cet égard, mais la poésie et les neurosciences sont des manières de connaître complémentaires, orthogonales. Toutes deux, comme beaucoup d'autres descriptions, peuvent donc être appropriées et éclairantes, et pertinentes en même temps. Ce que savent les poètes est-il moins « réel » que ce que « sait » la science ? Je ne le pense pas. Le point de vue d'Homère était tout aussi vrai que celui de Pythagore, et Homère traitait de sujets bien plus complexes. Je ne veux en aucun cas dénigrer Pythagore, dont le génie était d'un autre ordre. Il a été le premier homme à se plonger réellement dans la nature des nombres et leurs relations entre eux, une prouesse d'abstraction et de concrétude à la fois (qu'y a-t-il de plus concret qu'un triangle rectangle ?), en plus d'avoir fondé une école mystique pour protéger et honorer ce monde et continuer à l'explorer tel un acte sacré.

Mais Homère n'était pas non plus en reste et, comme l'a souligné Elaine Scarry dans *Dreaming by the Book*, il pouvait évoquer avec une habileté époustouflante la trajectoire d'une lance en décrivant son ombre, un carré de l'hypoténuse en soi. Et il ne s'agit là que d'un exemple mineur. Certains spécialistes affirment que l'*Odyssée* et l'*Iliade* contiennent tous les thèmes importants de la civilisation occidentale élaborés dans le sillage d'Homère.

Dès lors que nous « savons » réellement que, dans un triangle rectangle, la somme des carrés des deux côtés de l'angle droit est égale au carré de l'hypoténuse, nous frôlons la pure abstraction, un élément à la fois merveilleux et mystérieux du domaine que nous appelons *mental*. Pendant plus de trois siècles, la plus grande énigme en mathématiques a été le grand théorème de Fermat, qui partait simplement de la formule de Pythagore $a^2 + b^2 = c^2$ et soutenait que l'équation $a^n + b^n = c^n$ pour un entier n strictement supérieur à 2, y compris $n = 3$ (juste un de plus !), n'admettait pas de solutions en nombre entier. Considéré comme le saint Graal des mathématiques, beaucoup de spécialistes s'y sont confrontés sans succès malgré des efforts héroïques, jusqu'à la prouesse surhumaine d'Andrew Wiles, qui consacra sa vie au défi de Fermat dès l'âge de dix ans. Au bout de huit d'années d'efforts secrets, tout en feignant par ailleurs de travailler sur autre chose, et, en définitive, grâce au coup de pouce de ses amis, il présenta la démonstration finale en 1995.

On pourrait se demander si le monde des mathématiques est réel, au sens de concret, tant il est abstrait. Certes, nous savons que les nombres servent à compter des choses, voire des tonnes de choses. Mais qu'en est-il de zéro ? Qu'en est-il de l'absence de choses ? De la tonne de non-choses d'un certain type ? Ou de l'absence de nombres dans certaines colonnes, ce qu'on appelle des « marques substitutives » ? Qu'en est-il du concept de « nombre » totalement indépendant des choses comptées ? Est-ce que cela a un sens ? Qu'en est-il du fait que tous les nombres peuvent être générés à partir de zéro et de un, qui contiennent donc en latence toutes les mathématiques liées aux nombres, si nous ajoutons quelques axiomes sur leur manière d'opérer ensemble. Ils nous donnent également les codes binaires, donc les machines de Turing devenues réalité, les ordinateurs, le big data, les algorithmes et l'ensemble de Mandelbrot, entre autres merveilles.

Il n'est pas si farfelu de se demander si les mathématiques sont une propriété de l'univers ou si elles sont indépendantes de tout univers physique. À moins qu'elles ne soient une fabrication de l'esprit humain, chaque esprit enclin aux mathématiques contribuant à révéler une partie de l'éléphant sans jamais le connaître entièrement ? Y a-t-il un sens dédié aux mathématiques ? Et si c'est le cas, qu'est-ce qui est senti et qui est-ce/qu'est-ce qui sent ? Pourquoi les mathématiques sous-tendent-elles l'univers physique, comme il semble que ce soit le cas ? Pourquoi les physiciens trouvent-ils que les mathématiques les aident à comprendre des phénomènes, que même des abstractions à l'image des nombres complexes, « découverts » il y a plusieurs siècles et pas vraiment « réels », puisque fondés sur la racine carrée de moins 1, sont absolument nécessaires, semble-t-il, pour décrire précisément des phénomènes quantiques qui n'ont été révélés qu'au cours du siècle écoulé ?

Les mathématiques ne sont fondées que sur des preuves logiques, construites très prudemment à partir d'un nombre très restreint d'axiomes. Lorsqu'un élément est démontré, il l'est à jamais, et sa « réalité » est fermement établie, même si c'est dans une énième dimension que notre esprit visuel ne pourra jamais imaginer, connaître ou percevoir autrement qu'à travers les mathématiques mêmes.

Ici s'aventurent les seuls mathématiciens, et seulement dans les rangs étroits de leurs propres spécialités, me dit-on. À bien des égards, ils fonctionnent comme un clergé, parlent une langue que même les scientifiques ne comprennent ou ne partagent pas. Pourtant, à l'ère du numérique, ils exploitent des « mondes » devenus absolument cruciaux pour sécuriser les transferts d'informations grâce à la cryptographie et comprendre l'architecture de la nature au niveau le plus infime. Ces mondes sont-ils des créations de l'esprit humain ou sont-ils des vérités découvertes qui transcendent le temps et l'espace et toutes les réalités physiques, peu importe la manière dont elles sont décrites ? De l'extérieur, les mathématiques apparaissent comme un univers immaculé, mystérieux et cohérent en soi, et pourtant, en définitive, jamais complètement connaissable à cause du théorème d'incomplétude de Gödel, semblable en quelque sorte au principe d'incertitude de Heisenberg en physique quantique.

Dès lors que nous ne nous limitons pas à une seule manière de connaître, à un seul champ lexical ou à une seule paire de lunettes, que nous étendons délibérément notre horizon d'investigation, nous pouvons savourer toutes les façons de connaître les choses. Nous avons également l'occasion de reconnaître le mystère de ce qui n'est pas connu de manière conceptuelle mais senti, appréhendé de manière intuitive, perçu simultanément par tous nos sens dans l'expérience directe, non fragmentée, sans exclure quoi que ce soit, pas même nos concepts et ce qu'ils révèlent à tout moment – un échange continu avec ce qui est plus vaste que nous mais qui par ailleurs n'est rien d'autre que nous. Chacun de nos mystérieux et miraculeux sens, y compris l'esprit, est un moyen de connaître le monde et de nous connaître nous-mêmes.

Nous sommes plus vastes que chaque manière de connaître et nous pouvons toutes les apprécier comme des moyens différents, incomplets mais complémentaires d'apprécier ce qui est et de *prendre part* à ce qui est avec enthousiasme et enchantement au cours des moments – intemporels et pourtant fugaces – où nous sommes là. Nous pouvons toujours revenir à la non-connaissance comme à la connaissance et nous y attarder, en nous délectant de la beauté de la forme et de la fonction, de leur mystère et de leur nature impersonnelle, dépourvue de soi et profondément interconnectée, à tous les niveaux auxquels nous convient à tout moment les sens et l'esprit, nos instruments et nos instincts, notre pratique méditative, nos efforts et notre aspiration à comprendre.

À la croisée du karma et du dharma – un saut quantique pour l'*Homo sapiens sapiens*

On ne peut que s'étonner de tout le bien que les êtres humains ont apporté au monde.

On ne peut que s'étonner de tout le mal que les êtres humains ont infligé au monde.

Surtout en si peu de temps.

Il n'a fallu que douze mille ans à peine, depuis la fin de la dernière période glaciaire, pour que s'épanouissent la beauté et l'ingéniosité des sciences et des arts de toutes les cultures humaines. Pas plus de quatre à six cents générations (selon la durée qu'on attribue à ces dernières) pour produire les merveilles et autres manifestations de l'agriculture, de l'astronomie et de la médecine, de l'architecture et de la démocratie, dont la sagesse n'a cessé d'évoluer – et, en réalité, de l'histoire elle-même, puisque l'histoire écrite ne débute qu'entre 5000 et 2000 av. J.-C. au pays de Sumer, en Égypte et en Chine, il y a deux cent cinquante à cent cinquante générations. C'est très court à l'échelle biologique. Et même si l'on décide de remonter plus loin, jusqu'à l'aube de l'*Homo sapiens*, il y a cent mille ans environ, soit cinq mille générations, voire encore plus loin, à l'échelle géologique, toutes ces merveilles se sont déployées presque instantanément, dans les couches supérieures du Grand Canyon. À l'échelle cosmologique, le déploiement de la vie humaine a même été encore plus bref, infiniment bref, minuscule comparé à l'infinitude presque inconcevable d'espace et de temps apparue avec l'univers que nous habitons, et qui, selon les estimations actuelles, aurait environ 13,7 milliards d'années. Pourtant nous pouvons y songer, sonder à la fois l'espace et le temps (sonder l'un revient à sonder l'autre), et nous interroger sur cette étendue d'espace et de temps, sur le mystère de notre présence et de notre conscience en son sein. Notre esprit a l'étonnant pouvoir de connaître et de contenir son infinitude.

Nous sommes une espèce précoce ! Nous sommes capables d'autoréflexion, d'auto-exploration, d'auto-examen. Et, pour autant que nous le sachions, nous sommes la seule espèce aussi bien dotée, bien que nous devions veiller à ne pas céder à un certain chauvinisme. D'autres espèces possèdent leur propre intelligence, sans doute aussi extraordinaire à leur manière, qu'il s'agisse des grands singes, des éléphants, des dauphins, des oiseaux, des abeilles, des libellules, des vers et même des plantes, pour ne citer qu'un petit nombre d'univers que nous ne comprenons pas – et que nous ne comprendrons peut-être jamais dans leur complétude. Tous possèdent leurs propres communautés, leurs façons de communier et de communiquer, comme nous. Mais les êtres humains semblent capables d'une créativité quasi illimitée, du moins dans certains domaines, et aptes à traduire ces énergies créatives en produits tangibles. Imaginez. Nous pouvons concevoir des mathématiques abstraites et de la poésie à partir de tissu vivant, palpitant, pulsant. Comment est-ce possible ? Les mathématiques comme la poésie impliquent des découvertes et des explorations de mondes virtuels, en un sens existants, en un sens inexistants, des mondes extrêmement difficiles à engendrer, à affronter et à connaître. C'est stupéfiant lorsqu'on y pense. Notre capacité à connaître et à faire, à fabriquer et à penser, à rechercher une légitimité plus vaste sous la surface des choses semble parfois étonnamment illimitée.

Notre espèce tient son nom de ce qu'elle sait, non de ce qu'elle fait. En français comme en anglais, les mots « être humain » désignent directement l'être, la conscience, la sentience. Après tout, nous ne nous sommes pas des « faire humains », et à juste titre, puisque ce que nous faisons provient de l'être, quelque chose de plus vaste que nous connaissons de manière intuitive.

Pourtant, nous sommes également capables de nous aveugler, de mal appréhender l'ensemble et même de prendre la folie – surtout la nôtre – pour de la sagesse. Comme nous l'avons vu à maintes reprises, les *Homo sapiens* que nous sommes peuvent se montrer extrêmement cruels lorsqu'ils sont effrayés ou dans l'erreur. Paradoxalement, quand nous cédons à la peur ou à l'illusion, nous le faisons souvent au nom d'un plus grand bien, en général le nôtre, et d'un plus grand Dieu, le nôtre aussi, bien entendu. Et souvent aux dépens de celles et ceux qui n'appartiennent pas à notre tribu. Ou qui n'ont pas d'importance à nos yeux, parce que nous ne pensons qu'à nous-mêmes, ou que nous ne pensons pas du tout, notre comportement devenant alors criminel plutôt que génocidaire.

En six cents générations ou presque, les humains, d'abord regroupés en petites communautés isolées, ont exploré toute la planète et peuplé l'essentiel de ses contrées, généré différentes cultures, développé des relations commerciales quasi mondiales sans pour autant échapper à d'intenses poussées de peur, d'envie ou de mépris de l'autre qui, aujourd'hui, dans le cadre de nations toujours plus densément peuplées et de groupes identitaires toujours plus marqués, souvent religieux en apparence, nous incitent à utiliser notre ingéniosité pour livrer une guerre perpétuelle à ceux qui nous semblent présenter une menace ou dont nous convoitons les terres et les ressources. Notre propension au conflit nous voue de plus en plus au désastre. Elle a généré un cortège de souffrances au cours de ces douze mille ans ou plus, bien qu'elle ait aussi contribué à ce que nous sommes devenus.

Aujourd'hui, notre héritage est très mitigé. Les mots de Charles Dickens pour décrire son époque et celle de la Révolution française, « la meilleure des époques, la pire des époques… », sont toujours d'actualité. Nous avons la beauté, mais aussi l'atrocité. La quintessence de cultures extraordinaires, mais aussi les débris et les décombres de notre bellicisme et de notre belligérance apparemment innés. Notre héritage est une bénédiction autant qu'une blessure. Cette profonde vulnérabilité aux blessures est peut-être une occasion de grandir, d'en savoir davantage, y compris sur nous-mêmes, d'honorer notre potentiel inné et le nom que nous avons donné à notre espèce, mais à condition d'expérimenter et d'accepter cette blessure et de trouver des moyens de l'accueillir plutôt que de chercher à l'expulser de notre conscience par la peur et la colère qui la masquent si souvent, sans jamais l'empêcher de nous entraîner et de nous conditionner.

Sur le plan génétique, nous sommes un seul et même peuple. Les deux personnes en apparence les plus différentes du monde présentent quasiment les mêmes gènes[23]. Tout au plus,

---

23. Eric Lander, conférence donnée au Mind and Life Institute, Dialogue X : « The Nature of Mind, the Nature of Life », avec Sa Sainteté le dalaï-lama, Dharamsala, Inde, octobre 2002. Voir Pier Luigi Luisi et Zara Houshmand, *Mind and Life : Discussions with the Dalai Lama on the Nature of Reality*, New York, Columbia University Press, 2008.

environ un nucléotide de notre ADN sur mille sépare le plus noir du plus blanc d'entre nous, le plus grand du plus petit. Nous sommes identiques à 99,9 %. Nous sommes une seule tribu, une seule famille, bien qu'il nous faille encore le reconnaître. Les êtres humains que nous sommes sont tous intimement interconnectés. La manière dont nous nous traitons mutuellement a un impact sur notre santé et notre bien-être, peut-être même sur notre survie en tant qu'espèce, pas dans un lointain avenir, mais à cet instant même.

Bien entendu, les cultures sont toutes différentes, tout comme les conceptions de l'interconnexion et de la relationnalité. Mais, il y a douze mille ans, ces différences et ces animosités avaient sans doute moins d'impact sur le bien-être de la planète ou la survie de l'espèce, sans parler de la civilisation et de la culture. Les groupes humains vivaient chacun de leur côté et se préoccupaient principalement de manger, dormir, procréer et survivre. Ils étaient si intégrés au monde naturel et si peu nombreux par rapport à aujourd'hui que leurs vies et même leurs conflits étaient relativement contenus. Nos ancêtres éloignés avaient manifestement des vies intérieures riches, comme le démontrent les peintures et figurines des grottes, datées parfois du paléolithique. Leur art était extraordinaire, tout comme la technologie pour le faire perdurer. Apparemment, même à l'époque des grottes, le réflexe de peindre et de célébrer le mystère de la vie dans l'immensité de la nature, pour en attester l'expérience, ne pouvait être refréné.

Douze mille ans plus tard, nous sommes plus à l'étroit que jamais sur cette planète, la population mondiale augmente de manière exponentielle alors que les ressources naturelles ne cessent de diminuer. Des courants continus de haine, d'animosité et de méfiance traversent différentes cultures, bien que nous

nous efforcions par ailleurs de transcender ce que nous avons toujours considéré comme nos liens de sang et notre attachement à des terres ancestrales. Les Nations unies, par exemple, tentent de reconnaître cette unité sous-jacente que nous partageons tous et de trouver des moyens paisibles de concilier nos différences. L'effort est noble, encore balbutiant, sans garantie d'aboutissement – à notre image et à celle des États-nations que nous habitons.

Pour devenir pleinement nous-mêmes, en tant qu'espèce et nation parmi les nations, quel que soit le temps que dureront l'institution et le concept de « nation », le moment est sans doute venu de reconnaître que nous sommes parvenus à ce stade de l'histoire humaine en usant largement du vol et du pillage, en plus de notre bonté intrinsèque. Nous sommes tous arrivés ici grâce à la conquête impitoyable de terres et d'espaces vitaux d'autres peuples, toujours présentée dans les manuels scolaires sous les traits édulcorés du progrès et de l'inévitable. Les peuples se sont adaptés, ou pas. Des civilisations entières ont été décimées par des agents pathogènes contre lesquels elles n'avaient aucune défense, soumises ou passées au fil de l'épée, pour paraphraser Yeats. C'est une constante de l'histoire.

Nous savons que l'Amérique recèle un génocide et plusieurs siècles d'esclavage dans son passé. Et nous savons qu'elle continue à porter l'héritage persistant de ces atrocités. Pourquoi sommes-nous si résolus à minimiser cette histoire, voire à l'ignorer complètement ? Sans doute parce qu'elle est difficile à regarder, tout comme la place que nous y occupons. Les Européens voulaient ce monde et ils s'en sont emparés à un coût immense pour les peuples autochtones. Ils voulaient des ouvriers pour labourer leurs champs, bâtir leur richesse, et ils ont réduit en esclavage des millions d'Africains, qu'ils ne considéraient même pas comme des êtres humains, pour travailler dans leur « nouveau » monde. C'était inévitable, au sens où affirmer sa domination lorsqu'on en a les moyens semble une caractéristique marquée de notre espèce, du moins à ce jour. Même la juxtaposition des mots « commerce d'esclaves » implique des souffrances et des cruautés inconcevables.

Et l'Amérique, du nord au sud, n'est pas la seule à avoir usurpé des terres et soumis des peuples considérés comme moins qu'humains. C'est toujours le cas aujourd'hui. Que l'on regarde très loin, ou même un peu en arrière, aucune civilisation n'est totalement irréprochable à cet égard.

La civilisation moderne, comme aux époques coloniales, a besoin de ressources naturelles pour nourrir sa croissance. Mais notre consommation est beaucoup plus importante. La société civile a besoin de ressources énergétiques pour faire fonctionner ses machines, de matières premières pour alimenter ses usines et de marchés pour vendre ses produits. C'est un organisme qui doit continuellement être nourri. Nous abhorrons l'esclavage aujourd'hui, mais nous sommes toujours inconfortablement captifs de la rapacité et de l'arrogance collectives qui placent les besoins et les désirs de notre tribu au-dessus de ceux de nos congénères jugés moins chanceux, moins méritants ou moins « évolués », quelle que soit la forme que revêtent l'altérisation et la déshumanisation, oubliant une fois de plus qu'« ils » sont « nous ».

Nous souffrons de ces excès et de ces atrocités, passés et présents, qui ne sont en réalité que de l'avidité et/ou de l'ignorance déguisées, mais que nous tendons à justifier comme inévitables, propres à la « nature humaine ». En tant que pays, il semble que nous ne puissions plus nous permettre un tel égoïsme, une arrogance qui dément nos idéaux de justice pour tous, de droit à la vie, à la liberté et à la recherche du bonheur. Les guerres actuelles durent quelques jours ou quelques semaines, lorsqu'elles ne se poursuivent pas indéfiniment. Mais la guerre que nous livrons en nous-mêmes et au sein de l'espèce humaine semble infinie.

Que peut-on faire ?

Peut-être devons-nous reconnaître notre karma passé et nous en affranchir délibérément, tout en prêtant une oreille attentive, à l'intérieur comme à l'extérieur, à notre dharma présent et à venir. Tôt ou tard, nous devrons réaliser, au sens de rendre réel, la responsabilité sacrée si souvent louée par notre rhétorique nationale mais démentie ou trahie par nos actes. Car nous ne pouvons plus nous permettre de ne pas nous éveiller à notre nature authentique en tant qu'espèce, civilisation, nation multiculturelle et seule « superpuissance » du moment, bien qu'en rapide déclin. Nous ferions peut-être bien de nous rappeler que l'Empire mongol était aussi la seule superpuissance en son temps, comme l'ont été, dans une certaine mesure, les Égyptiens, les Perses, les Grecs, les Romains, les Sarrasins, les Mayas et les Incas.

L'occasion qui se présente à nous aujourd'hui concerne l'espèce, pas la superpuissance. En tant qu'espèce, nous sommes prêts à faire un saut quantique vers un autre niveau d'être. Nous nous éveillons de plus en plus à la beauté et à la bonté que nous apportons au monde par notre intelligence, notre application et notre aptitude à l'amour et à la bienveillance. Et nous prenons aussi plus conscience du besoin d'affronter le mal et les souffrances que nous causons au monde par notre avidité et notre négligence.

Nous sommes à un tournant fécond, un carrefour à la fois précieux et délicat du karma et du dharma. Le karma représente les conséquences accumulées d'actions passées dans l'instant présent.

Le dharma est l'incarnation consciente du rayonnement inhérent à notre espèce, la réalisation de tout ce qui est intelligent, bon, bienveillant et sage dans notre cœur et dans notre esprit quand nous nous alignons avec la justice intrinsèque de l'univers. Il s'agit notamment de reconnaître notre propre capacité à générer à tout instant le paradis ou l'enfer, l'*eudémonie* ou les souffrances inimaginables, selon que nous sommes conscients ou inconscients, selon que nous sommes libres ou prisonniers du désir, du besoin, de la peur, de nos propres illusions, de notre sentiment d'un soi trop-étriqué-et-étroit-d'esprit. C'est le cadeau que nous offre la pleine conscience quand nous la nourrissons dans notre vie personnelle et que nous l'incarnons dans notre relation au monde. Il s'agit également de reconnaître et d'honorer la part d'ombre très réelle de notre nature, sans pour autant y succomber.

Le défi n'est ni plus ni moins qu'un appel à l'éveil pour notre espèce. Le choix est le suivant : nous pouvons saisir l'occasion de pivoter dans la conscience, d'effectuer un saut quantique en cultivant notre capacité à la sentience, à la pleine conscience, à l'attention, à la compassion, même si, en tant qu'individus, nations et citoyens de la planète, compte tenu du lourd karma que nous portons, nous devons faire preuve d'une motivation considérable, d'efforts et de pratique continus. Ou nous pouvons subir les conséquences toujours plus terrifiantes de notre insouciance, de notre négligence vis-à-vis de ce qui importe le plus, de ce qui se révèle le plus fondamental pour que la vie s'épanouisse sur la terre à ce carrefour critique et que nous allions tous jusqu'au bout de nos possibilités avec sagesse. Ces solutions s'offrent moment après moment après moment au fil de la vie, et il en a toujours été ainsi. En revanche, les enjeux ne cessent de s'élever à mesure que le changement s'accélère et que nos technologies nous offrent toujours plus de moyens de faire du tort, du mal ou des bienfaits inimaginables, sans qu'il soit toujours aisé de faire la part des choses.

Il nous tarde d'expérimenter et de connaître intimement une façon d'être qui soit à la fois authentique dans ce monde et fidèle à notre nature humaine profonde. On pourrait même dire que nous avons soif d'expériences authentiques, d'une authenticité profonde et incarnée. Nous avons soif d'être libres, connectés à nous-mêmes et au monde, et tels que nous sommes – avec toutes les promesses que cela implique à l'intérieur comme à l'extérieur. Mais pour pouvoir goûter à la liberté, nous devons d'abord nous affranchir de notre esprit étriqué et de notre cœur fermé, et célébrer cette liberté dans la communauté de notre être et dans notre appartenance, dans le sangha et le sanctuaire de l'interconnexion. Paradoxalement, nous aspirons à une équanimité, à une connexion et à un bonheur réel qui sont déjà en nous depuis notre naissance. Le bien-être véritable, indépendant des circonstances, se révèle insaisissable et éphémère parce que nous nous sommes complètement égarés dans les désirs de notre esprit, que nous avons, à des degrés divers, perdu la raison, oublié notre cœur et réifié un sentiment de soi bien trop étriqué.

Mais comment nous y prendre pour goûter à cette liberté, à ce bien-être vigoureux ? De la même manière qu'un musicien pour jouer à Carnegie Hall. Par la pratique, la pratique, la pratique. La pleine conscience, la pleine conscience, la pleine conscience. Et, comme l'a si bien dit Rûmî, en prenant part à la beauté que nous chérissons (et que nous sommes).

Les douze mille ans de civilisation qui viennent de s'écouler ont été un temps d'incubation et de gestation, un temps pour devenir nous-mêmes. Aujourd'hui, il est non seulement possible mais nécessaire de faire émerger autre chose – un saut quantique pour l'*Homo sapiens sapiens*, l'occasion de goûter à ce qu'il y a à goûter ici, de savoir ce qu'il nous revient de savoir, pour cette génération et les quelques-unes à venir. Pour y parvenir, nous avons besoin d'intention et de détermination, mais aussi de patience et de sagesse. Nous avons besoin de penser en siècles plutôt qu'en années. Les peuples autochtones d'Amérique invitent à une véritable gestion de la terre qui tienne compte du bien-être d'au moins sept générations futures. Nous ferions bien de prendre soin du monde de cette manière. Après tout, ils – les êtres humains à venir – sont nous.

Réflexions sur la nature de la nature et la place que nous occupons

À douze ans, je faisais partie d'un petit groupe de garçons qui passaient l'été à Woods Hole, dans le Massachusetts, car leurs parents étaient liés aux institutions scientifiques installées dans la région. Quand nous ne nous promenions pas à vélo ou sur la plage, nous rentrions déjeuner chez nous ou nous traînions dans l'endroit le plus cool de la ville, le Club du laboratoire de biologie marine (MBL). Entre deux parties de ping-pong, dans des salles décorées de globes de verre colorés, d'étoiles de mer et de grosses carapaces de crabes suspendues au plafond par des filets de pêche, nous avions de longues conversations sur de grands sujets. Le Jaskin's Drug Store proposait tout un présentoir rotatif de livres de poche aux titres évocateurs : *Un, deux, trois… l'infini* et *La Naissance et la Mort du Soleil* de George Gamow ou *Aux frontières de l'astronomie* de Fred Hoyle. Nous les achetions tous avant de les dévorer tant ils nous fascinaient. Nous rejoignions une des alcôves douillettes bordées de livres à l'odeur de moisi et, assis sur des causeuses capitonnées, parmi les jeux d'échecs éparpillés ici et là, nous buvions du Coca dans des bouteilles vertes que nous nous procurions au gros distributeur rouge du sous-sol (dont on faisait tourner la grosse poignée vers la gauche après avoir inséré une pièce), nous partagions nos lectures à voix haute et débattions du Big Bang et des théories de l'état d'équilibre, de la nature de l'univers et de la conscience, mais aussi de leur impact sur notre vie. J'ai toujours mon exemplaire d'*Un, deux, trois... l'infini*. Il dégage l'odeur caractéristique des vieux livres de poche, ses pages sont jaunies et craquantes, son dos cassé.

Avance rapide (nous connaissons tous cette image, même si elle n'aurait pas eu de sens en 1956). Aujourd'hui, dans *L'Univers élégant*, un très beau livre du physicien théorique Brian Greene, qui me rappelle ceux que je lisais dans mon enfance, nous apprenons que les contraintes imposées par la théorie des supercordes impliquent l'existence de onze dimensions dans l'univers. Cela peut paraître un peu difficile à assimiler pour certains d'entre nous car nous venons tout juste d'accepter la théorie d'Einstein, selon laquelle l'univers comporte quatre dimensions (la quatrième étant le temps).

Pourtant, les physiciens croient désormais (si ce terme est approprié lorsqu'on parle de physiciens) ou envisagent sérieusement la possibilité que l'univers, qui a vu le jour avec le Big Bang, à partir de « rien », dans un moment infiniment bref, d'une brièveté inconcevable, marquant le début du temps il y a 13,7 milliards d'années environ (une théorie bien plus étrange que tous les mythes de la création, babylonien ou autres), possède onze dimensions.

Apparemment, sept des onze dimensions d'origine ne sont pas parvenues à « se déployer » au moment de la création, ne laissant percevoir que les trois que nous connaissons actuellement, plus le temps. Comme il est triste qu'elles aient manqué leur chance unique de se manifester. Mais elles n'en demeurent pas moins toujours « présentes », pelotonnées dans leur potentialité primordiale au sein de toute chose (si on peut parler ainsi) et doivent l'être pour que l'univers puisse « fonctionner », pour que les protons soient des protons, les électrons des électrons, les quarks des quarks. Tout cela découle apparemment des mathématiques mêmes, des mathématiques de l'univers, qui constituent une notion intéressante en soi. Bien entendu, nos sens ne sont conçus que pour trois dimensions, ou peut-être quatre, selon la sensibilité de chacun.

Nouvelle avance rapide, du Big Bang à l'époque contemporaine. Nos corps sont des galaxies en soi, et ce à tous les niveaux, y compris cellulaire et sous-cellulaire. Ces corps que nous disons « nôtres » sont en réalité de véritables univers, composés d'un nombre inimaginable d'atomes, eux-mêmes constitués de particules élémentaires, engagés dans des échanges dynamiques continus avec le reste du plus vaste univers où ils sont nichés. Pourtant, au niveau atomique, ils sont presque entièrement composés d'espace vide, puisque les atomes mêmes sont presque entièrement composés d'espace vide, de minuscules condensations de champs énergétiques formant ce que nous tendons à considérer comme des particules, mais qui seraient tout aussi bien décrites comme des ondes de probabilité, ou en tout cas, des centres extrêmement concentrés d'énergies dans le noyau de chaque atome.

Le Big Bang – associé à beaucoup de temps – aurait donc engendré le corps humain, mais aussi, quoique mystérieusement, l'esprit, la sentience. N'est-ce pas merveilleux ? Inconcevable ? Incroyable ? Comme si nous étions la voie (ou une des voies) empruntée par l'atome d'hydrogène – du quark, de la corde ou de l'élément le plus fondamental dans ce monde (l'impulsion primordiale qui a engendré l'univers à partir de rien et de nulle part) – pour qu'il puisse se regarder, et en un sens se connaître, au moyen de ce qu'on appelle la conscience ou la sentience.

La sentience est un énorme point d'interrogation pour les sciences cognitives, et personne, comme nous l'avons déjà fait observer, ne sait comment on passe de la matière et des neurones à l'expérience subjective d'un monde texturé, de photons d'une certaine longueur d'onde à la couleur « bleue » telle que nous la percevons dans l'expérience, sans parler du monde qui semble être « là-bas » mais qui n'est « là-bas » qu'en relation avec l'expérience que nous en avons « là-dedans ». Il semble que ce soit la *relation* qui importe le plus, pas la séparation. La séparation est en un sens illusoire, soutenable uniquement par convention et commode parfois pour en parler. Comme aurait pu le dire Yogi Berra, on est loin d'être près d'expliquer la sentience.

De plus, cette sentience et sa vaste capacité sensorielle, amplifiée par les télescopes, les spectrophotomètres et d'autres instruments que nous envoyons dans l'espace au moyen de satellites, installons sur Terre ou enfouissons profondément sous terre, semblent à présent révéler que seule une très modeste fraction – les astronomes parlent de 4 % – de la masse et de l'énergie de l'univers se présente sous la forme de matière telle que nous la connaissons. Près d'un quart est constitué de ce que nous appelons la « matière noire », dont la composition, à ce jour, demeure incertaine, mais qui semble indispensable pour que les galaxies ne se désintègrent pas. Le reste, environ 72 %, est constitué d'« énergie noire », une sorte d'antigravité, qui aurait tendance à accélérer l'expansion de l'univers. En outre, la théorie selon laquelle il n'existerait qu'un seul « univers » paraît aujourd'hui passablement désuète et improbable. Certains scientifiques parlent désormais d'univers *multiples* et expliquent, par des arguments convaincants, pourquoi il s'agirait d'une description plus exacte de ce qu'on entend par « réalité », même si, par définition, nous ne sommes peut-être pas capables de démontrer la présence de ces autres univers, du moins directement[24].

Quoi qu'il en soit, pour revenir à nous et à notre capacité à percevoir et à connaître, l'émergence du complexe (telles la vie et la sentience) à partir du moins complexe (telle la matière inerte) est une des façons de considérer l'interaction entre le chaos, la complexité et l'ordre pour tenter d'expliquer un tel phénomène de manière conceptuelle, rationnelle. Mais comme tout semble « avoir vu le jour » au moment du Big Bang, nous nous retrouvons toujours face à quelque chose issu de rien, à de l'espace issu d'un « avant-espace », à un temps qui débute à un moment donné, avant lequel il n'existait pas, et à de la matière issue de nulle part sous la forme d'une énergie pure et infinie. Hummm. Pourquoi ces mystères n'incitent-ils pas des hordes de gamins à aimer les sciences ? J'aurais cru que ce serait le cas.

Par ailleurs, certains estiment qu'une chose ne peut provenir de rien, et donc que la conscience ne peut provenir de la matière. C'est une vision plus bouddhiste de l'univers.

Il est fascinant d'associer ces deux manières essentielles d'explorer la nature de la réalité et de l'esprit dans un dialogue dynamique, comme c'est le cas aujourd'hui, grâce notamment à l'intérêt qu'a toujours porté le dalaï-lama aux sciences et au fonctionnement des choses[25].

---

24. Voir Max Tegmark, *Notre univers mathématique. En quête de la nature ultime du réel*, Paris, Dunod, 2014 ; Brian Greene, *The Hidden Reality : Parallel Universes and the Deep Laws of the Cosmos*, New York, Vintage, 2011 ; et Lisa Randall, *Knocking on Heaven's Door : How Physics and Scientific Thinking Illuminate the Universe and the Modern World*, New York, HarperCollins, 2011.

25. Voir les livres publiés par le Mind and Life Institute (www.mindandlife.org) sur ces différentes conversations entre, d'une part, le dalaï-lama, des moines,

Il y avait quelque chose d'informe et de parfait
avant que l'univers ne voie le jour.
Quelque chose de serein. De vide.
De solitaire. D'immuable.
D'infini. D'éternellement présent.
C'est la mère de l'univers.
À défaut d'autre terme,
je l'appelle Tao.

Lao-tseu
Tao Te King
(Ve siècle av. J.-C.)

Songez une dernière fois à l'« univers » qui est en nous. Notre corps est presque entièrement constitué d'espace (ou de champs) vide ponctué de rares centres d'énergie extrêmement condensée, que nous appelons masses. Ces centres sont les premières cordes (si la théorie des cordes est plus ou moins avérée, ce qui pour l'instant est loin d'être certain), les quarks, les électrons, les protons et les neutrons, puis les atomes. Ensuite viennent les atomes associés en petites molécules, en molécules de taille intermédiaire, en macromolécules (telles les enzymes et les protéines) et en mégamolécules, tel l'ADN, le « logiciel » mère, pour

---

des nonnes et des érudits bouddhistes et, d'autre part, des scientifiques issus de différentes disciplines, notamment les neurosciences cognitives, la psychologie, la biologie, la physique et la philosophie. Voir, par exemple, Wendy Hasenkamp (éd.), *The Monastery and the Microscope: Conversations with the Dalai Lama on Mind, Mindfulness, and the Nature of Reality*, New Haven, CT, Yale University Press, 2017 ; et Anne Harrington et Arthur Zajonc (éd.), *The Dalai Lama at MIT*, Cambridge, MA, Harvard University Press, 2008 ; https://www.mindandlife.org/books.

ainsi dire, qui pilotent et régulent l'univers/la vie sur cette planète. Enfin, viennent les méga-associations de molécules (les organites), tels les ribosomes, le réticulum endoplasmique et les appareils de Golgi (les mots mêmes ne vous semblent-ils pas à la fois mystérieux et mélodieux ?).

Et il ne s'agit là que d'une infime fraction des constituants d'une cellule, dans un corps qui, comme nous l'avons vu, en compte un nombre inimaginable (entre dix et cent billions), toutes issues d'une seule et même cellule, l'œuf fécondé, issu lui-même de deux cellules, contenant chacune son propre univers, qui ont fusionné parce que les corps de nos parents, dans la version la plus courante, se sont unis[26].

Est-ce que nous *expérimentons* jamais ce mystère, est-ce que nous nous connaissons jamais de cette manière, ne serait-ce que l'espace d'un instant ? Et pas uniquement par la pensée – bien qu'une profonde réflexion et des connaissances en physique, en chimie, en biologie et en sciences cognitives puissent se révéler utiles –, mais par la conscience, les sentiments et les sensations, en étant incarnés et en invitant notre esprit à habiter et à investir le corps, de la peau aux muscles en passant par les articulations, les os, le foie et les poumons, voire les organes génitaux, le cœur toujours palpitant, le sang et le cerveau, et tout ce qu'on pourrait vouloir invoquer en matière d'émotions, d'organes et de tissus, jusqu'aux cellules mêmes et, en leur sein, les chromosomes, les ribosomes et les enzymes qui travaillent sans relâche (si on peut

26. Et c'est sans compter le microbiote – les bactéries présentes à la surface et à l'intérieur du corps, dont le nombre équivaut ou dépasse, selon différentes estimations, nos propres cellules humaines. Voir par exemple https://www.ncbi.nlm.nih.gov/pmc/articles/PMC4991899.

parler de travail) dans ce monde constitué essentiellement d'eau, jusqu'aux molécules mêmes, les atomes, les quarks et les cordes, le vide entre eux et en eux, y compris les sept dimensions non déployées de la réalité ou de la nature même.

En d'autres termes, pouvons-nous prendre conscience de tout ce que nous sommes, au niveau matériel et non matériel, de l'objet et du sujet, et au-delà de l'objet et du sujet, à cet instant même, simultanément ? Pouvons-nous voir, réaliser, atteindre, assimiler ce miracle et ce mystère : le fait que tout fonctionne, que nous pouvons penser, bouger, marcher, parler, digérer nos aliments, faire l'amour, avoir des bébés et en prendre soin jusqu'à l'âge adulte, trouver de la nourriture et du sens, créer de l'art et de la musique, nous trouver les uns les autres, prendre soin les uns des autres, travailler ensemble et, en définitive peut-être, nous connaître nous-mêmes ?

Et pouvons-nous également prendre conscience, juste à temps peut-être, compte tenu de l'urgence et des enjeux élevés pour l'humanité, que, de multiples manières, sans le savoir, nous nous empoisonnons (comme nous empoisonnons la biosphère), sur les plans psychique et matériel, à cause de notre précocité, magnifique et illimitée mais non examinée, de notre peur et de notre avidité, mais aussi de notre intelligence et de notre ingéniosité – une intelligence qui devient dangereuse lorsque nous sommes focalisés, obnubilés, émerveillés par les parties mais que nous délaissons le plus vaste tout ?

Par le passé, l'humanité ne savait pas grand-chose des répercussions de son activité sur la planète et de la nature du mal-être et de la maladie dont elle souffre actuellement. Aujourd'hui, nous débattons de la santé du monde et surveillons ses signes vitaux tout en nous interrogeant sur leur signification et leurs conséquences potentielles. Désormais, nous pouvons être attentifs à la planète et à sa santé, mais aussi à notre impact sur son bien-être. En définitive, peut-être que cette attention et cette prévenance sont les signes d'une vie intelligente sur cette planète – parvenue à maturité, souhaitons-le, sous la forme d'une sagesse incarnée et, en parallèle, d'une compassion pour toute vie, toute sentience. Y compris la nôtre, et celle de nos enfants.

Déployer les dimensions cachées

Je suis frappé par les applications concrètes de la métaphore des dimensions cachées non « déployées » dans notre vie. Si des physiciens sérieux peuvent réfléchir de manière aussi étrange, peut-être pourrions-nous les imiter et, par conséquent, regarder de plus près ce que nous avons sous les yeux.

Car on pourrait dire qu'il y a de multiples dimensions recroquevillées en nous, qui, pour diverses raisons, n'ont pas eu l'occasion de se déployer, du moins à ce jour. Si nous leur offrions cette occasion, peut-être se produirait-il un Big Bang dans notre vie. Beaucoup de récits des traditions méditatives évoquent des moments de révélation et de clarté, de soudaines « explosions » de perspicacité. Elles ne sont guère plus étranges que ce que la science nous concocte.

L'une de ces dimensions cachées serait l'instant présent. Bien que l'instant présent soit toujours ici même, la plupart du temps il ne nous est ni apparent et, donc, concrètement, ni disponible – au sens où il nous est impossible d'en disposer. Sa riche dimensionnalité demeure cachée et inconnue tant nous cherchons à aller ailleurs, à atteindre un meilleur moment ou un résultat, de sorte que nous traversons le présent à toute allure sans même le remarquer ou noter que nous sommes toujours en lui, n'ayant à proprement parler aucun autre endroit où aller, où être, aucun autre temps à occuper – à moins de perdre la raison et d'oublier notre cœur.

Cette dimension de l'instant présent pourrait-elle se déployer pour nous ? Elle le pourrait. Sans doute.

Que faudrait-il pour que ce soit le cas ? Si nous nous arrêtions, si nous nous mettions à regarder et à écouter ? Si nous revenions à nos sens ?

Dans *L'Éveil des sens*, nous nous sommes invités au somptueux banquet de T. S. Eliot dans les *Quatre Quatuors* et nous avons pris une part de dessert. Mais, il faut peut-être du temps, si le cœur nous en dit, pour digérer ces vers immortels :

Non connus car non recherchés,
Mais entendus, à demi entendus, dans le calme
Entre deux vagues marines.
Vite, maintenant, ici, toujours maintenant,
Un état de complète simplicité
(Ne coûtant pas moins que tout)

La puissance et la profondeur de notre éveil incarné au cœur de l'instant présent sont inconcevables, aussi inconcevables que l'immense énergie du néant ou les infimes dimensions non déployées au plus profond de nos atomes ou de la trame de l'espace même. Pour ce qui est de l'instant présent, il n'y a pas moyen, ni besoin, d'y croire. Il suffit de l'expérimenter et de constater par soi-même qu'il peut ajouter à la vie une dimension susceptible de nous offrir d'autres niveaux de liberté, d'autres manières d'habiter notre vie et notre monde au cours des brefs instants dont nous disposons ici, qui se résument si vite à ce qu'on appelle « le temps d'une vie » et se négligent si facilement. C'est un banquet auquel nous sommes tous conviés, un festin à partager, moment après moment. Comme l'a si joliment dit Derek Walcott : « Assieds-toi. Délecte-toi de ta vie. »

Relativiser les choses

Imaginez un espace incompréhensiblement vaste, sans début, ni fin ni centre. Un vaste vide, où abondent pourtant des foyers de matière discrets, des galaxies constituées d'un nombre inimaginable d'étoiles, rassemblées dans ce qui s'apparente à des bulles où les distances et le temps sont inconcevables, des membranes tendues sur du vide, mais qui s'éloignent aussi les unes des autres à des vitesses incroyables dans une expansion en accélération qu'il est possible de reconstituer 13,7 milliards d'années en arrière, au moment où, comme nous l'avons vu, toute la matière et l'énergie, l'espace et le temps doivent avoir été condensés en une gouttelette dépourvue de toute dimension et d'extérieur car l'univers n'a pas d'extérieur.

Dans cet espace incompréhensiblement vaste et ce temps inimaginablement intemporel, imaginez la Terre, insérée par hasard à une distance confortable d'une étoile relativement jeune et sans particularités à l'orée d'une de ces galaxies, dans la zone qu'on appelle parfois « Boucles d'or » (ni trop chaude ni trop froide pour permettre l'apparition de formes de vie complexes), ladite planète s'étant formée environ 4 milliards d'années plus tôt, comme le Soleil et les autres planètes de notre système solaire, à partir de fins nuages d'atomes plus lourds que l'hydrogène et l'hélium, qui ne peuvent avoir été conçus que dans les fournaises d'étoiles de précédentes générations et les explosions spectaculaires produites par certaines d'entre elles lorsqu'elles brûlent leur hydrogène, puis capitulent face à l'impitoyable force d'attraction de leur propre énormité, ce qu'on appelle la gravité. Imaginez des périodes inimaginablement longues sur la Terre des premiers temps, des paysages sans aucune créature, des plaques tectoniques se formant et se réorganisant au fil de l'éternité, le tout incubant lentement la vie – la vie dans la mer, la vie sur terre, la vie dans les airs –, des formes de vie extraordinairement simples pour commencer, puis de plus en plus complexes et, en quelques secondes incompréhensiblement courtes en comparaison, nous engendrant nous, la vie humaine telle que nous la connaissons. Même si les meilleures estimations actuelles font remonter les origines de l'humanité à trois cent mille ans environ, il n'en demeure pas moins qu'il s'agit d'un battement de cil à l'échelle du temps.

Émerveillez-vous un instant de l'épanouissement de la vie sur cette sphère bleu et vert, blanc et brun, suspendue dans le vide, dans l'espace sombre, dépourvu de limites. Et émerveillez-vous un instant du fait que, dans une demeure située près des côtes d'un énorme continent constitué de roches torturées flottant sur un noyau d'autres roches en fusion, et en deçà, de fer en fusion, ces phrases puissent être écrites sur une machine recevant la pression de doigts, puis lues par des yeux sur un écran plat de conception humaine où les mots se déploient en pixels, des mots qui enveloppent des courants d'énergie organisée que nous appelons pensées et sentiments, émergeant comme par magie d'un esprit qui n'a lui-même aucune idée de la manière dont ce phénomène se produit. Tout cela dépend mystérieusement d'un organe de 1,5 kilo contenu dans le crâne, le cerveau humain, affichant un niveau de complexité et d'interconnexion stupéfiant, constitué de tissus vivants et exécutant des transmissions, des modulations et des inhibitions synaptiques – la matière organisée la plus complexe de l'univers connu. Et ce processus a évolué à partir de petits primates vivant dans des arbres en Afrique il y a très, très longtemps, à l'échelle dérisoire de notre temps.

Réfléchissons une fois de plus à cet héritage : nous parlons de l'organisation de matière et de flux d'énergie la plus complexe de l'univers connu, située ici même, sous notre crâne, et s'étendant à travers notre tête et notre corps miraculeux.

Pourtant, nous pouvons passer l'essentiel de nos journées en pilote automatique, à ressasser nos inquiétudes : aurons-nous suffisamment d'argent pour payer nos factures, et nos enfants, comment s'en sortiront-ils dans ce monde, sommes-nous heureux ou non, le serons-nous jamais, les gens nous apprécient-ils, avons-nous le succès que nous méritons, recevrons-nous un jour l'amour et l'acceptation auxquels nous aspirons ou parviendrons-nous à prendre un peu de temps pour nous-mêmes compte tenu de tout ce que nous avons à faire et du nombre d'heures que nous passons devant des écrans ? L'économie nous inquiète. Notre corps et notre esprit, l'avenir et même le passé (au sens où nous le rongeons comme un chien ronge un os) nous inquiètent. La maladie, la vieillesse, l'érosion de nos sens nous inquiètent à mesure que nous sentons décliner notre vue, notre ouïe ou notre aptitude à sentir le sol sous nos pieds. Le fait de n'avoir pas assez de temps nous inquiète, d'avoir trop de temps, de souhaiter que les choses soient différentes, en quelque sorte meilleures, en quelque sorte plus satisfaisantes. Et tôt ou tard, c'est la mort même qui finit par nous inquiéter.

Le monde dans lequel nous vivons nous inquiète également. Un monde parfois si cruel et insensé, dirigé par des hommes et des femmes parfois incroyablement inconscients, coupés de manière grotesque et dangereuse de la réalité, où un nombre incalculable de gens vivent dans des conditions sordides, souvent privés de voix politique jusqu'au jour où, comme par magie, ils la trouvent parfois d'eux-mêmes. Un monde où la méfiance, la violence et l'agressivité s'exercent trop souvent contre les autres, parfois contre nous-mêmes, mais également contre le monde naturel, que nous continuons à piller tel un sous-produit de notre besoin naturel de fabriquer et de vendre des objets, aggravé par l'ambition de capter des marchés, d'accroître les bénéfices, de trouver une niche, de surpasser ses concurrents, *Make America great again* tant qu'on y est, d'acquérir toujours plus d'argent et d'objets, dans l'espoir, en définitive, de trouver le bonheur.

Ne serait-il pas temps de relativiser quelque peu les choses ? N'oublions-nous pas de voir et de sentir toute notre condition en tant qu'individu et espèce ? N'oublions-nous pas également notre petitesse, notre insignifiance, notre parfaite impermanence ? À moins que nous ne cherchions à compenser inconsciemment nos vulnérabilités et nos insécurités en nous évertuant à contrôler et à dominer la nature au lieu de nous rappeler qu'elle nous a engendrés et que nous sommes indissociables, et donc qu'il importe peut-être avant tout de nous connaître nous-mêmes et notre propre nature afin d'éviter d'agir sur la base de motifs non examinés – et tant qu'il en est encore temps ?

N'oublions-nous pas non plus notre beauté et notre remarquable potentiel, une mystérieuse efflorescence de possibilités, de véritable intelligence, dans cet univers plus qu'étrange qui est notre foyer et où nous pourrions apprendre à mieux nous sentir chez nous ? N'oublions-nous pas le miracle de la forme humaine, cette parcelle d'atomes née des étoiles qu'est le corps humain, le pur cadeau d'une vie humaine et la possibilité de la vivre pleinement, sans nous couper de notre créativité fondamentale et du mystère de notre sentience, de notre conscience, de notre présence ici, de notre besoin absolu les uns des autres, de notre aptitude à contempler avec émerveillement et à connaître l'univers qui nous a engendrés et que nous habitons désormais ?

Du point de vue de l'univers, de l'espace infini et d'un temps inconcevable, ce qui se passe sur cette petite planète est sans conséquence. Il n'en est pas de même pour nous puisque nous sommes ici, bien que brièvement, et que nous transmettrons tout ce que nous faisons du monde et ce que nous en apprenons aux générations futures. Ne serait-il pas temps de saisir le spectre entier de nos capacités inhérentes, d'explorer et d'investir la plénitude de ce qu'être humain pourrait signifier tant que nous en avons encore la possibilité ?

Il semble de plus en plus probable que l'espèce humaine atteigne un point d'inflexion, un point de bascule, au cours des prochaines décennies et des prochains siècles. Notre précocité, à la fois dans l'action et la pensée, nous permet aujourd'hui de modifier nos propres gènes, de rechercher une longévité toujours plus accrue, sinon l'immortalité, d'expérimenter des interfaces biologiques entre le silicone et le vivant pour stocker et récupérer des informations (qui déclinerait l'occasion d'accroître sa mémoire si c'était possible ?), de concevoir des machines susceptibles de « penser » mieux et plus vite que nous, et peut-être même un jour de sentir, ou du moins de le simuler de manière de plus en plus convaincante, et, dans un avenir pas si lointain, de fabriquer des machines et des robots programmables et aptes à être répliqués si petits que nous pourrons les avaler afin qu'ils gardent le corps en bonne santé, molécule par molécule, peut-être « pour l'éternité ».

Face à de telles éventualités, et aux nombreuses autres inconcevables à ce jour mais susceptibles d'apparaître rapidement dans une culture où tout ce qui est technologiquement envisageable semble tôt ou tard voué à voir le jour, même si peu de gens sont consultés sur le sujet et que seuls quelques-uns estiment qu'il s'agit d'une bonne idée. Les prophètes de l'Ancien Testament déploraient la négligence de leur peuple. S'ils étaient en vie aujourd'hui, ils déploreraient peut-être avec autant d'ardeur et de vigueur la négligence de l'espèce humaine. Que des voix parviennent ou non à se faire entendre par-dessus le vacarme de l'inattention, nous ne pouvons plus nous permettre d'ignorer dans de telles proportions qui nous sommes et où nous vivons, pas plus que les conséquences de nos actes individuels et collectifs, compte tenu des errances auxquelles nous a conduits notre précocité depuis ces temps anciens, bibliques, qui ne sont pourtant pas si loin.

Peut-être est-il temps d'assumer totalement le nom que nous avons donné à notre espèce (*Homo sapiens sapiens* – l'espèce qui sait et qui sait qu'elle sait, en d'autres termes, l'aptitude à la conscience et à la métaconscience[27]), qui nous invite inévitablement à reconnaître notre sentience et à retrouver nos sens, au sens propre comme au figuré, tant qu'il en est encore temps. Et, bien que cela nous échappe peut-être, ce temps, selon tous les calculs, est plus court qu'on ne le pense. Et les enjeux plus élevés. Ce qui est en jeu est ni plus ni moins notre cœur, notre humanité même, notre espèce et notre monde. Ce qui nous est accessible, c'est qui nous sommes et ce que nous sommes dans notre intégralité. Ce qui nous est demandé n'a rien d'extraordinaire : il s'agit

27. Non pas la cognition et la métacognition, puisque notre connaissance est bien plus multidimensionnelle que la simple cognition, aussi merveilleuse que soit notre capacité à penser. Comme nous l'avons vu, *sapiens* veut aussi dire connaître en goûtant, à travers tous nos sens, qui sont bien plus nombreux que les cinq admis par convention.

simplement, en tant qu'êtres humains, de se mettre à faire plus systématiquement attention, de s'éveiller aux choses telles qu'elles sont et d'agir avec intégrité, sagesse, soin et prévenance. Se lier d'amitié avec son esprit, sa vie et son monde en cultivant chaque jour la pleine conscience comme dans une histoire d'amour avec l'instant présent, avec la vie même et le domaine de l'apprentissage et du développement, de la guérison et de la transformation continus, est très probablement essentiel pour approfondir cet éveil et cette sagesse incarnés. Si nous veillons à entretenir ce lien et à habiter pleinement l'instant présent, tout le reste suivra.

Lectures associées

Les racines de la méditation de pleine conscience

Amero, B., *Small Boat, Great Mountain : Theravadan Reflections on the Great Natural Perfection*, Redwood Valley, CA, Abhayagiri Monastic Foundation, 2003.

Analayo, B., *Early Buddhist Meditation Studies*, Barre, MA, Barre Center for Buddhist Studies, 2017.

Analayo, B., *Mindfully Facing Disease and Death : Compassionate Advice from Early Buddhist Texts*, Cambridge, Windhorse, 2016.

Analayo, B., *Mindfulness of Breathing : A Practice Guide and Translations*, Cambridge, Windhorse, 2019.

Analayo, B., *Satipatthana. Le chemin direct pour la réalisation*, Paris, Almora, 2020.

Analayo, B., *Satipatthana Meditation : A Practice Guide*, Cambridge, Windhorse, 2018.

Armstrong, G., *Emptiness : A Practical Guide for Meditators I*, Somerville, MA, Wisdom, 2017.

Beck, C., *Vivre zen*, Paris, Pocket, 1997.

Buswell, R. B., Jr, *Tracing Back the Radiance : Chinul's Korean Way of Zen*, Honolulu, Kuroda Institute/University of Hawaii Press, 1991.

Goldstein, J., *La Pleine Conscience. Un guide vers l'éveil*, Louvain-la-Neuve, De Boeck, 2017.

Goldstein, J., *One Dharma : The Emerging Western Buddhism*, San Francisco, HarperCollins, 2002.

Goldstein, J. et Kornfield, J., *Seeking the Heart of Wisdom : The Path of Insight Meditation*, Boston, MA, Shambhala, 1987.

Gunaratana, H., *Méditer au quotidien*, Paris, Marabout, 2008.

Hanh, T. N., *Le Cœur des enseignements du Bouddha*, Paris, Pocket, 2003.

Hanh, T. N., *Aimer en pleine conscience*, Paris, Pocket, 2018.

Hanh, T. N., *S'asseoir en pleine conscience*, Paris, Pocket, 2018.

Hanh, T. N., *Le Miracle de la pleine conscience*, Paris, J'ai lu, 2008.

Kapleau, P., *Les Trois Piliers du zen*, Paris, Almora, 2016.

Krishnamurti, J., *Cette lumière en nous. La vraie méditation*, Paris, Le Livre de Poche, 2002.

Levine, S., *A Gradual Awakening*, Garden City, NY, Anchor/Doubleday, 1979.

Ricard, M., *Plaidoyer pour le bonheur*, Paris, NIL, 2003.

Ricard, M., *L'Art de la méditation*, Paris, NIL, 2011.

Rinpoche, Y. M., *Bonheur de la sagesse*, Paris, Le Livre de Poche, 2011.

Rosenberg, L., *Breath by Breath : The Liberating Practice of Insight Meditation*, Boston, MA, Shambhala, 1998.

Rosenberg, L., *Three Steps to Awakening : A Practice for Bringing Mindfulness to Life*, Boston, MA, Shambhala, 2013.

Rosenberg, L., *Vivre à la lumière de la mort, de la vieillesse et de la maladie*, Paris, Anne Carrière, 2004.

Salzberg, S., *L'Amour qui guérit*, Paris, Belfond, 2015.

Salzberg, S., *Comment s'ouvrir à l'amour véritable*, Paris, Belfond, 2018.

Sheng-yen, C., *Hoofprints of the Ox: Principles of the Chan Buddhist Path*, New York, Oxford University Press, 2001.

Soeng, M., *The Heart of the Universe: Exploring the Heart Sutra*, Somerville, MA, Wisdom, 2010.

Soeng, M., *Trust in Mind: The Rebellion of Chinese Zen*, Somerville, MA, Wisdom, 2004.

Sumedo, A., *L'Esprit et la Voie. Réflexions d'un moine bouddhiste sur la vie*, Vannes, Sully, 2007.

Suzuki, S., *Esprit zen, esprit neuf*, Paris, Seuil, 1977.

Thera, N., *Satipatthana, le cœur de la méditation bouddhiste*, Paris, Librairie d'Amérique et d'Orient Jean Maisonneuve, 2003.

Urgyen, T., *Rainbow Painting*, Boudhanath, Nepal, Rangjung Yeshe, 1995.

MBSR

Brandsma, R., *The Mindfulness Teaching Guide: Essential Skills and Competencies for Teaching Mindfulness-Based Interventions*, Oakland, CA, New Harbinger, 2017.

Kabat-Zinn, J., *Au cœur de la tourmente, la pleine conscience*, édition révisée et mise à jour, Louvain-la-Neuve, De Boeck, 2016.

Lehrhaupt, L. et Meibert, P., *Mindfulness-Based Stress Reduction: The MBSR Program for Enhancing Health and Vitality*, Novato, CA, New World Library, 2017.

Mulligan, B. A., *The Dharma of Modern Mindfulness: Discovering the Buddhist Teachings at the Heart of Mindfulness-Based Stress Reduction*, Oakland, CA, New Harbinger, 2017.

Rosenbaum, E., *The Heart of Mindfulness-Based Stress Reduction : A MBSR Guide for Clinicians and Clients*, Eau Claire, WI, Pesi Publishing, 2017.

Stahl, B., et Goldstein, E., *Apprendre à méditer* (nouvelle édition), Paris, Les Arènes, 2021.

Stahl, B., Meleo-Meyer, F., et Koerbel, L., *A Mindfulness-Based Stress Reduction Workbook for Anxiety*, Oakland, CA, New Harbinger, 2014.

Autres applications de la pleine conscience

Baer, R. A. (éd.), *Mindfulness-Based Treatment Approaches : Clinician's Guide to Evidence Base and Applications*, Waltham, MA, Academic Press, 2014.

Bardacke, N., *Se préparer à la naissance en pleine conscience*, Paris, Le Courrier du Livre, 2016.

Bartley, T., *Mindfulness : A Kindly Approach to Cancer*, West Sussex, Wiley-Blackwell, 2016.

Bartley, T., *Mindfulness-Based Cognitive Therapy for Cancer*, West Sussex, Wiley-Blackwell, 2012.

Bays, J. C., *Manger en pleine conscience. Guide pour un rapport sain et heureux à la nourriture*, Paris, Les Arènes, 2019.

Bays, J. C., *Mindfulness on the Go : Simple Meditation Practices You Can Do Anywhere*, Boston, MA, Shambhala, 2014.

Biegel, G., *The Stress-Reduction Workbook for Teens : Mindfulness Skills to Help You Deal with Stress*, Oakland, CA, New Harbinger, 2017.

Bögels, S., et Restifo, K., *Mindful Parenting : A Guide for Mental Health Practitioners*, New York, Springer, 2014.

Brantley, J., *Calming Your Anxious Mind : How Mindfulness and Compassion Can Free You from Anxiety, Fear, and Panic*, Oakland, CA, New Harbinger, 2003.

Brewer, J., *Le Craving. Pourquoi on devient accro et comment se libérer*, Paris, Les Arènes, 2020.

Brown, K. W., Creswell, J. D., et Ryan, R. M. (éd.), *Handbook of Mindfulness : Theory, Research, and Practice*, New York, Guilford, 2015.

Carlson, L., et Speca, M., *Mindfulness-Based Cancer Recovery : A Step-by-Step MBSR Approach to Help You Cope with Treatment and Reclaim Your Life*, Oakland, CA, New Harbinger, 2010.

Chaskalson, M., *Méditer au travail*, Paris, Les Arènes, 2013.

Crane, R., *Mindfulness-Based Cognitive Therapy*, New York, Routledge, 2017.

Cullen, M., et Pons, G. B., *The Mindfulness-Based Emotional Balance Workbook : An Eight-Week Program for Improved Emotion Regulation and Resilience*, Oakland, CA, New Harbinger, 2015.

Del Marmol, G., *Sans plus attendre*, Hévillers, Ker Éditions, 2014.

Epstein, M., *Pensées sans penseur. Une psychothérapie dans une perspective bouddhiste*, Paris, Calmann-Lévy, 1995.

Epstein, R., *Attending : Medicine, Mindfulness, and Humanity*, New York, Scribner, 2017.

Ergas, O., *Reconstructing "Education" Through Mindful Attention : Positioning the Mind at the Center of Curriculum and Pedagogy*, Londres, Palgrave Macmillan, 2017.

Folder, S., *What's Beyond Mindfulness ? : Waking Up to This Precious Life*, Londres, Watkins, 2019.

Gazzaley, A., et Rosen, L. D., *The Distracted Mind: Ancient Brains in a High-Tech World*, Cambridge, MA, MIT Press, 2016.

Gelles, D., *Mindful Work: How Meditation Is Changing Business from the Inside Out*, New York, Houghton Mifflin Harcourt, 2015.

Germer, C., *The Mindful Path to Self-Compassion*, New York, Guilford, 2009.

Germer, C. K., et Siegel, R. D. (éd.), *Wisdom and Compassion in Psychotherapy : Deepening Mindfulness in Clinical Practice*, New York, Guilford, 2012.

Germer, C. K., Siegel, R. D., et Fulton, P. R. (éd.), *Mindfulness and Psychotherapy*, New York, Guilford, 2005.

Goleman, D., *Surmonter les émotions destructrices*, Paris, Pocket, 2008.

Goleman, G., et Davidson, R. J., *Altered Traits: Science Reveals How Meditation Changes Your Mind, Brain, and Body*, New York, Avery/Random House, 2017.

Harris, N. B., *The Deepest Well: Healing the Long-term Effects of Childhood Adversity*, Boston, MA, Houghton Mifflin Harcout, 2018.

Hasenkamp, W., *The Monastery and the Microscope : Conversations with the Dalai Lama on Mind, Mindfulness, and the Nature of Reality*, New Haven, Yale, 2017.

Himmelstein, S., et Saul, S., *Mindfulness-Based Substance Abuse Treatment for Adolescents : A 12 Session Curriculum*, New York, Routledge, 2016.

Jennings, P., *L'École en pleine conscience*, Paris, Les Arènes, 2019.

Jones, A., *Beyond Vision : Going Blind, Inner Seeing, and the Nature of the Self*, Montréal, McGill-Queen's University Press, 2018.

Kabat-Zinn, J., *Où tu vas, tu es. Apprendre à méditer en tous lieux et en toutes circonstances*, Paris, J'ai lu, 2013.

Kabat-Zinn, J., *Reconquérir le moment présent… et votre vie. La méditation de pleine conscience pour les débutants*, Paris, Les Arènes, 2014.

Kabat-Zinn, J., et Davidson, R. J., *L'esprit est son propre médecin. Le pouvoir de guérison de la méditation*, Paris, Les Arènes, 2014.

Kabat-Zinn, M., et Kabat-Zinn, J., *Être parent en pleine conscience* (nouvelle édition d'*À chaque jour ses prodiges*), Paris, Les Arènes, 2019.

Kaiser-Greenland, S., *Un cœur tranquille et sage. La méditation, un art de vivre pour les enfants*, Paris, Les Arènes, 2014.

Kaiser-Greenland, S., *La méditation est un jeu d'enfants. Un livre et 55 cartes d'activités*, Paris, Les Arènes, 2018.

Kaufman, K. A., Glass, C. R., et Pineau, T. R., *Mindful Sport Performance Enhancement : Mental Training for Athletes and Coaches*, Washington, DC, American Psychological Association (APA), 2018.

King, R., *Mindful of Race : Transforming Racism from the Inside Out*, Boulder, CO, Sounds True, 2018.

Koole, W., *Mindful Leadership : Effective Tools to Help You Focus and Succeed*, Amsterdam, Warden Press, 2014.

Martins, C., *Mindfulness-Based Interventions for Older Adults : Evidence for Practice*, Philadelphie, PA, Jessica Kingsley, 2014.

Marturano, J., *Finding the Space to Lead : A Practical Guide to Mindful Leadership*, New York, Bloomsbury Press, 2014.

Mason-John, V., et Groves, P., *Eight-Step Recovery: Using the Buddha's Teachings to Overcome Addiction*, Cambridge, Windhorse, 2018.

Maul, F., *Radical Responsibility: A Mindfulness-Based Emotional Intelligence Guide for Personal Evolution, Self-Actualization, and Social Transformation*, Boulder, CO, Sounds True, 2019.

McBee, L., *Mindfulness-Based Elder Care: A CAM Model for Frail Elders and Their Caregivers*, New York, Springer, 2008.

McCown, D., Reibel, D., et Micozzi, M. S. (éd.), *Resources for Teaching Mindfulness: An International Handbook*, New York, Springer, 2016.

McCown, D., Reibel, D., et Micozzi, M. S. (éd.), *Teaching Mindfulness: A Practical Guide for Clinicians and Educators*, New York, Springer, 2010.

McManus, C. A., *Group Wellness Programs for Chronic Pain and Disease Management*, St. Louis, MO, Butterworth-Heinemann, 2003.

Miller, L. D., *Effortless Mindfulness: Genuine Mental Health Through Awakened Presence*, New York, Routledge, 2014.

Mumford, G., *The Mindful Athlete: Secrets to Pure Performance*, Berkeley, Parallax Press, 2015.

Penman, D., *The Art of Breathing*, Newburyport, MA, Conari, 2018.

Pollak, S. M., Pedulla, T., et Siegel, R. D., *Sitting Together: Essential Skills for Mindfulness-Based Psychotherapy*, New York, Guilford, 2014.

Rechtschaffen, D., *The Mindful Education Workbook: Lessons for Teaching Mindfulness to Students*, New York, W.W. Norton, 2016.

Rechtschaffen, D., *The Way of Mindful Education : Cultivating Wellbeing in Teachers and Students*, New York, W.W. Norton, 2014.

Rosenbaum, E., *Being Well (Even When You Are Sick) : Mindfulness Practices for People with Cancer and Other Serious Illnesses*, Boston, MA, Shambala, 2012.

Rosenbaum, E., *Here for Now : Living Well with Cancer Through Mindfulness*, Hardwick, MA, Satya House, 2005.

Rossy, L., *The Mindfulness-Based Eating Solution : Proven Strategies to End Overeating, Satisfy Your Hunger, and Savor Your Life*, Oakland, CA, New Harbinger, 2016.

Segal, Z. V., Williams, M. G., et Teasdale, J. D., *La Thérapie cognitive basée sur la pleine conscience pour la dépression : Prévenir la rechute*, Louvain-la-Neuve, De Boeck, 2019.

Silverton, S., *The Mindfulness Breakthrough : The Revolutionary Approach to Dealing with Stress, Anxiety, and Depression*, Londres, Watkins, 2012.

Singer, T., et Ricard, M., *Vers une société altruiste*, Paris, Allary Éditions, 2015.

Smalley, S. L., et Winston, D., *Pleinement présent. La science, l'art et la pratique de la pleine conscience*, Paris, Éditions Pochette, 2017.

Stanley, S., Purser, R., et Singh, N. N. (éd.), *Handbook of Ethical Foundations of Mindfulness*, New York, Springer, 2018.

Teasdale, J. D., Williams, J. M. G., et Segal, Z. V., *Manuel de méditation anti-déprime*, Louvain-la-Neuve, De Boeck, 2016.

Tolle, E., *Le Pouvoir du moment présent. Guide d'éveil spirituel*, Outremont, Éditions Ariane, 2000.

Treleaven, D., *Trauma-Sensitive Mindfulness : Practices for Safe and Transformative Healing*, New York, W.W. Norton, 2018.
Vo, D. X., *The Mindful Teen : Powerful Skills to Help You Handle Stress One Moment at a Time*, Oakland, CA, New Harbinger, 2015.
Wallace, B. A., *Tibetan Buddhism from the Ground Up*, Somerville, MA, Wisdom, 1993.
Williams, A. K., Owens, R., et Syedullah, J., *Radical Dharma : Talking Race, Love, and Liberation*, Berkeley, North Atlantic Books, 2016.
Williams, M. G., Teasdale, J. D., Segal, Z. V., et Kabat-Zinn, J., *Méditer pour ne plus déprimer*, Paris, Odile Jacob, 2009.
Williams, J. M. G., et Kabat-Zinn, J. (éd.), *Forces et bienfaits de la pleine conscience. Ses applications dans le monde moderne*, Louvain-la-Neuve, De Boeck, 2019.
Williams, M., et Penman, D., *Méditer pour ne plus stresser. Trouver la sérénité, une méthode pour se sentir bien*, Paris, Odile Jacob, 2013.
Williams, M., Fennell, M., Barnhofeer, T., Crane, R., et Silverton, S., *Mindfulness and the Transformation of Despair : Working with People at Risk of Suicide*, New York, Guilford, 2015.
Wright, R., *Why Buddhism Is True : The Science and Philosophy of Meditation and Enlightenment*, New York, Simon & Schuster, 2017.
Yang, L., *Awakening Together : The Spiritual Practice of Inclusivity and Community*, Somerville, MA, Wisdom, 2017.

Guérison

Doidge, N., *Les Étonnants Pouvoirs de transformation du cerveau*, Paris, Pocket, 2010.

Goleman, D., *Quand l'esprit dialogue avec le corps. Entretiens avec le Dalaï-Lama sur la conscience, les émotions et la santé*, Paris, Guy Trédaniel Éditeur, 2007.

Moyers, B., *Healing and the Mind*, New York, Doubleday, 1993.

Ornish, D., *Love and Survival : The Scientific Basis for the Healing Power of Intimacy*, New York, HarperCollins, 1998.

Remen, R., *Sagesse au coin du feu*, Paris, Robert Laffont, 2010.

Siegel, D., *The Mindful Brain : Reflection and Attunement in the Cultivation of Wellbeing*, New York, W. W. Norton, 2007.

Simmons, P., *Learning to Fall : The Blessings of an Imperfect Life*, New York, Bantam, 2002.

Tarrant, J., *The Light Inside the Dark : Zen, Soul, and the Spiritual Life*, New York, HarperCollins, 1998.

Tenzin Gyatso (14e dalaï-lama), *Les Voies spirituelles du bonheur*, Paris, Seuil, 2004.

Van der Kolk, B., *The Body Keeps the Score : Brain, Mind, and Body in the Healing of Trauma*, New York, Penguin Random House, 2014.

Poésie

Eliot, T. S., « Quatre quatuors », dans *La Terre vaine et autres poèmes*, Paris, Points Seuil, 2014.

Lao-tseu, *Tao Te King*, Paris, Marabout, 2019.

Mitchell, S., *The Enlightened Heart*, New York, Harper & Row, 1989.

Oliver, M., *New and Selected Poems*, Boston, MA, Beacon, 1992.
Tanahashi, K., et Leavitt, P., *The Complete Cold Mountain : Poems of the Legendary Hermit Hanshan*, Boulder, CO, Shambhala, 2018.
Whyte, D., *The Heart Aroused: Poetry and the Preservation of the Soul in Corporate America*, New York, Doubleday, 1994.

Autres

Abram, D., *The Spell of the Sensuous*, New York, Vintage, 1996.
Ackerman, D., *Le Livre des sens*, Paris, Grasset, 1991.
Blackburn, E., et Epel, E., *L'Effet télomère. Une approche révolutionnaire pour allonger sa vie et ralentir les effets du vieillissement*, Paris, Guy Trédaniel, 2017.
Bohm, D., *La Plénitude de l'instant présent*, Paris, Le Rocher, 2005.
Bryson, B., *Une histoire de tout, ou presque…*, Paris, Payot, 2007.
Carroll, S., *The Big Picture: On the Origins of Life, Meaning, and the Universe*, New York, Dutton, 2016.
Davidson, R. J., et Begley, S., *Les Profils émotionnels*, Paris, Les Arènes, 2018.
Glassman, B., *L'Art de la paix. Un maître zen engagé dans le monde d'aujourd'hui*, Paris, Albin Michel, 2000.
Greene, B., *L'Univers élégant*, Paris, Robert Laffont, 2000.
Greene, B., *The Hidden Reality: Parallel Universes and the Deep Laws of the Cosmos*, New York, Vintage, 2011.
Harari, Y. N., *Homo Deus. Une brève histoire du futur*, Paris, Albin Michel, 2017.
Harari, Y. N., *Sapiens. Une brève histoire de l'humanité*, Paris, Albin Michel, 2015.

Harari, Y. N., *21 leçons pour le* XXI*e siècle*, Paris, Albin Michel, 2018.

Hillman, J., *Le Code caché de votre destin*, Paris, Robert Laffont, 1999.

Holt, J., *When Einstein Walked with Gödel: Excursions to the Edge of Thought*, New York, Farrar, Strauss & Giroux, 2018.

Karr-Morse, R., et Wiley, M. S., *Ghosts from the Nursery: Tracing the Roots of Violence*, New York, Atlantic Monthly Press, 1997.

Katie, B. et Mitchell, S., *A Mind at Home with Itself*, New York, HarperCollins, 2017.

Kazanjian, V. H., et Laurence, P. L. (éd.), *Education as Transformation*, New York, Peter Lang, 2000.

Kurzweil, R., *The Age of Spiritual Machines*, New York, Viking, 1999.

Luke, H., *Old Age: Journey into Simplicity*, New York, Parabola, 1987.

Montague, A., *La Peau et le Toucher. Un premier langage*, Paris, Seuil, 2014.

Nowak, M., et Higfield, M. A., *SuperCooperators: Altruism, Evolution, and Why We Need Each Other to Succeed*, New York, Free Press, 2011.

Palmer, P., *The Courage to Teach: Exploring the Inner Landscape of a Teacher's Life*, San Francisco, Jossey-Bass, 1998.

Pinker, S., *La Part d'ange en nous*, Paris, Les Arènes, 2017.

Pinker, S., *Le Triomphe des Lumières*, Paris, Les Arènes, 2018.

Pinker, S., *Comment fonctionne l'esprit*, Paris, Odile Jacob, 2000.

Randall, L., *Knocking on Heaven's Door: How Physics and Scientific Thinking Illuminate the Universe and the Modern World*, New York, HarperCollins, 2011.

Randall, L., *Warped Passages: Unraveling the Mysteries of the Universe's Hidden Dimensions*, New York, Ecco/HarperCollins, 2005.

Ravel, J.-F., et Ricard, M., *Le Moine et le Philosophe*, Paris, Nil, 2012.

Ricard, M., *Plaidoyer pour l'altruisme. La force de la bienveillance*, Paris, Nil, 2013.

Ryan, T., *A Mindful Nation: How a Simple Practice Can Help Us Reduce Stress, Improve Performance, and Recapture the American Spirit*, New York, Hay House, 2012.

Sachs, J. D., *The Price of Civilization: Reawakening American Virtue and Prosperity*, New York, Random House, 2011.

Sachs, O., *L'homme qui prenait sa femme pour un chapeau*, Paris, Seuil, 1990.

Sachs, O., *Le Fleuve de la conscience*, Paris, Seuil, 2018.

Sapolsky, R., *Behave: The Biology of Humans at Our Best and Worst*, New York, Penguin Random House, 2017.

Schwartz, J. M., et Begley, S., *The Mind and the Brain: Neuroplasticity and the Power of Mental Force*, New York, HarperCollins, 2002.

Singh, S., *Le Dernier Théorème de Fermat*, Paris, JC Lattès, 1998.

Tanahashi, K., *The Heart Sutra: A Comprehensive Guide to the Classic of Mahayana Buddhism*, Boulder, CO, Shambhala, 2016.

Tegmark, M., *La Vie 3.0. Être humain à l'ère de l'intelligence artificielle*, Paris, Dunod, 2018.

Tegmark, M., *Notre univers mathématique. En quête de la nature ultime du réel*, Paris, Dunod, 2014.

Turkle, S., *Seuls ensemble. De plus en plus de technologies, de moins en moins de relations humaines*, Paris, L'Échappée, 2015.

Turkle, S., *Les Yeux dans les yeux. Le pouvoir de la conversation à l'heure du numérique*, Arles, Actes Sud, 2020.

Varela, F. J., Thompson, E., et Rosch, E., *L'Inscription corporelle de l'esprit*, Paris, Seuil, 1999.

Sites Internet

www.umassmed.edu/cfm : site Internet du Centre pour la pleine conscience de la faculté de médecine de l'université du Massachusetts.

www.brown.edu/academics/public-health/research/mindfulness/home : site Internet du Centre pour la pleine conscience de l'université Brown.

www.mindandlife.org : site Internet du Mind and Life Institute.

www.dharma.org : centres et programmes de retraites vipassana.

www.association-mindfulness.org : site Internet de l'Association pour le développement de la mindfulness (ADM).

Remerciements

Puisque l'origine de ce livre remonte à très loin, j'aimerais exprimer ma gratitude et ma dette envers un certain nombre de personnes qui ont apporté leur contribution à différentes étapes de son écriture et de sa publication.

Pour le premier volume[28], publié en 2005, j'aimerais remercier mon frère de dharma, Larry Rosenberg, du Cambridge Insight Meditation Center, Larry Horwitz et mon beau-père, feu Howard Zinn, qui ont lu l'intégralité du manuscrit et m'ont fait part de leurs remarques perspicaces et créatives. Je remercie également Alan Wallace, Arthur Zajonc, Doug Tanner, Richard Davidson, Will Kabat-Zinn et Myla Kabat-Zinn, qui ont lu le manuscrit en partie et m'ont transmis leurs sages conseils. Je remercie également les éditeurs d'origine, Bob Miller et Will Schwalbe, désormais chez Flatiron Books, pour leur soutien et leur amitié, hier et aujourd'hui.

Ma gratitude et ma reconnaissance profondes vont à Michelle Howry, l'éditrice du premier volume, directrice littéraire chez Hachette Books, qui a contribué à concevoir la série entière ; à Lauren Hummel, qui s'est assurée que tout se passait bien et a maintenu habilement toutes les parties mobiles de ce projet sur les rails ; et à toute l'équipe d'Hachette, qui a travaillé de

28. L'auteur fait référence à la nouvelle édition en quatre volumes de *L'Éveil des sens* en anglais. *(N.d.É.)*

manière si solidaire et efficace sur la série. Je suis aussi profondément reconnaissant envers Mauro DiPreta, vice-président d'Hachette Books, qui est intervenu dans le processus de publication des trois derniers volumes quand Michelle a repris sa route.

Bien que j'aie reçu le soutien, les encouragements et les conseils d'un grand nombre de personnes, toute inexactitude ou faiblesse du texte me sont entièrement imputables.

J'aimerais exprimer ma gratitude et mon respect durables à tous mes collègues enseignants, passés et présents, de la Clinique de réduction du stress et du Centre pour la pleine conscience (CFM). Et, plus récemment, aux enseignants et chercheurs appartenant au réseau mondial d'institutions affiliées au CFM. Tous ont, au sens propre comme au figuré, consacré leur vie et leur passion à ce travail. Entre 1979 et 2005, un certain nombre d'entre eux ont enseigné la MBSR à la Clinique de réduction du stress : Saki Santorelli, Melissa Blacker, Florence Meleo-Meyer, Elana Rosenbaum, Ferris Buck Urbanowski, Pamela Erdmann, Fernando de Torrijos, James Carmody, Danielle Levi Alvares, George Mumford, Diana Kamila, Peggy Roggenbuck-Gillespie, Debbie Beck, Zayda Vallejo, Barbara Stone, Trudy Goodman, Meg Chang, Larry Rosenberg, Kasey Carmichael, Franz Moekel, Ulli Kesper-Grossman, Maddy Klein, Ann Soulet, Joseph Koppel, Karen Ryder, Anna Klegon, Larry Pelz, Adi Bemak, Paul Galvin et David Spound.

Entre 2005 et 2017, mon admiration et ma gratitude vont aux enseignants du Centre pour la pleine conscience et de ses programmes affiliés : Florence Meleo-Meyers, Lynn Koerbel, Elana Rosenbaum, Carolyn West, Bob Stahl, Meg Chang, Zayda Vallejo, Brenda Fingold, Dianne Horgan, Judson Brewer, Margaret Fletcher, Patti Holland, Rebecca Eldridge, Ted

Meissner, Anne Twohig, Ana Arrabe, Beth Mulligan, Bonita Jones, Carola Garcia, Gustavo Diex, Beatriz Rodriguez, Melissa Tefft, Janet Solyntjes, Rob Smith, Jacob Piet, Claude Maskens, Charlotte Borch-Jacobsen, Christiane Wolf, Kate Mitcheom, Bob Linscott, Laurence Magro, Jim Colosi, Julie Nason, Lone Overby Fjorback, Dawn MacDonald, Leslie Smith Frank, Ruth Folchman, Colleen Camenisch, Robin Boudette, Eowyn Ahlstrom, Erin Woo, Franco Cuccio, Geneviève Hamelet, Gwenola Herbette et Ruth Whitall. Florence Meleo-Meyer et Lynn Koerbel ont été de remarquables leaders et soutiens du réseau mondial d'instructeurs de MBSR au CFM.

Je suis profondément reconnaissant envers tous ceux qui, dès le début, ont contribué de manière si cruciale à la gestion de la Clinique de réduction du stress et du Centre pour la pleine conscience en médecine, dans les soins de santé et dans la société, ainsi qu'aux différents programmes d'études et d'essais cliniques : Norma Rosiello, Kathy Brady, Brian Tucker, Anne Skillings, Tim Light, Jean Baril, Leslie Lynch, Carol Lewis, Leigh Emery, Rafaela Morales, Roberta Lewis, Jen Gigliotti, Sylvia Ciario, Betty Flodin, Diane Spinney, Carol Hester, Carol Mento, Olivia Hobletzell, Narina Hendry, Marlene Samuelson, Janet Parks, Michael Bratt, Marc Cohen et Ellen Wingard. Pour la période qui s'étend jusqu'au printemps 2018, je remercie Judson Brewer, Dianne Horgan, Florence Meleo-Meyer, Lynn Koerbel, Jean Baril, Jacqueline Clark, Tony Maciag, Ted Meissner, Jessica Novia, Maureen Titus, Beverly Walton, Ashley Gladden, Lynne Littizzio, Nicole Rocijewicz et Jean Welker.

Pour la recherche, j'aimerais exprimer ma profonde reconnaissance aux membres du laboratoire de Judson Brewer : Remko van Lutterveld, Prasanta Pal, Michael Datko, Andrea Ruf, Susan

Druker, Ariel Beccia, Alexandra Roy, Hanif Benoit, Danny Theisen et Carolyn Neal.

Au printemps 2018, le Centre pour la pleine conscience a subi ce que je me plais à considérer comme un processus de fission binaire : un certain nombre de personnes ont migré vers Brown University pour y établir un centre et un programme de recherches parallèles et complémentaires sur la pleine conscience sous l'égide de la faculté de santé publique et l'école de médecine. Je souhaite remercier toutes les personnes impliquées dans les deux institutions pour ce qui a été fait et ce qui reste à faire en matière de programmes de formation clinique et professionnelle, de directions de recherches et de possibilités de collaboration.

Enfin, j'aimerais exprimer ma gratitude et mon respect aux milliers de personnes du monde entier qui participent, en y travaillant ou en les étudiant, aux approches basées sur la pleine conscience dans des domaines aussi divers que la médecine, la psychiatrie, la psychologie, les soins de santé, l'éducation, le droit, la justice sociale, la guérison des réfugiés confrontés au traumatisme et parfois au génocide (comme au Soudan du Sud), l'accouchement et la parentalité, le travail, le gouvernement, les prisons ou d'autres facettes de la société, et qui veillent par la même occasion à honorer le dharma dans sa profondeur et sa beauté universelles. Vous savez qui vous êtes, que votre nom apparaisse ou non ici ! Et si ce n'est pas le cas, je suis le seul responsable, en plus du manque de place. J'aimerais honorer explicitement le travail de Paula Andrea Ramirez Diazgranados en Colombie et au Soudan du Sud ; Hui Qi Tong aux États-Unis et en Chine ; Kevin Fong, Roy Te Chung Chen, Tzungkuen Wen, Helen Ma, Jin Mei Hu et Shih Shih Ming en Chine, à Taïwan et à Hong Kong ; Heyoung Ahn en Corée ; Junko Bickel et Teruro Shiina au Japon ; Leena Pennenen en Finlande ; Simon Whitesman et Linda Kantor en Afrique du Sud ; Claude Maskens, Gwénola Herbette, Edel Max, Caroline Lesire et Ilios Kotsou en Belgique ; Jean-Gérard Bloch, Geneviève Hamelet, Marie-Ange Pratili et Charlotte Borch-Jacobsen en France ; Katherine Bonus, Trish Magyari, Erica Sibinga, David Kearney, Kurt Hoelting, Carolyn McManus, Mike Brumage, Maureen Strafford, Amy Gross, Rhonda Magee, George Mumford, Carl Fulwiler, Maria Kluge, Mick Krasner, Trish Luck, Bernice Todres, Ron Epstein et le représentant Tim Ryan aux États-Unis ; Paul Grossman, Maria Kluge, Sylvia Wiesman-Fiscalini, Linda Hehrhaupt et Petra Meibert en Allemagne ; Joke Hellemans, Johan Tinge et Anna Speckens en Hollande ; Beatrice Heller et Regula Saner en Suisse ; Rebecca Crane, Willem Kuyken, John Teasdale, Mark Williams, Chris Cullen, Richard Burnett, Jamie Bristow, Trish Bartley, Stewart Mercer, Chris Ruane, Richard Layard, Guiaume Hung et Ahn Nguyen au Royaume-Uni ; Zindel Segal et Norm Farb au Canada ; Gabor Fasekas en Hongrie ; Macchi dela Vega, Clara Badino et Marina Lisenberg en Argentine ; Johan Bergstad, Anita Olsson, Angeli Holmstedt ; Ola Schenström et Camilla Sköld en Suède ; Andries Kroese en Norvège ; Jakob Piet et Lone Overby Fjorback au Danemark ; et Franco Cuccio en Italie. Puisse votre travail continuer à atteindre ceux qui en ont le plus besoin, toucher, clarifier et nourrir ce qu'il y a de plus profond et de meilleur en nous tous, contribuant ainsi, de petite et de grande manière, à la guérison et à la transformation auxquelles l'humanité aspire si ardemment.

Table

PREMIÈRE PARTIE

GUÉRIR LE CORPS POLITIQUE

DEUXIÈME PARTIE

PRENONS PART À LA BEAUTÉ QUE NOUS CHÉRISSONS

L'EXEMPLAIRE QUE VOUS TENEZ ENTRE LES MAINS
A ÉTÉ RENDU POSSIBLE GRÂCE AU TRAVAIL DE TOUTE UNE ÉQUIPE.

COORDINATION ÉDITORIALE : Gaëlle Fontaine
COUVERTURE ET CONCEPTION GRAPHIQUE : Sara Deux
RÉVISION : Nathalie Capiez et Isabelle Paccalet
MISE EN PAGE : Soft Office
PHOTOGRAVURE : Point 11
FABRICATION : Maude Sapin
COMMERCIAL : Pierre Bottura
RELATIONS LIBRAIRES : Jean-Baptiste Noailhat et Damien Nassar
PRESSE ET COMMUNICATION : Jérôme Lambert avec Axelle Vergeade

DIFFUSION : Élise Lacaze (Rue Jacob diffusion), Katia Berry (grand Sud-Est), François-Marie Bironneau (Nord et Est), Charlotte Jeunesse (Paris et région parisienne), Christelle Guilleminot (grand Sud-Ouest), Laure Sagot (grand Ouest), Diane Maretheu (coordination) et Camille Saunier (ventes directes), avec Christine Lagarde (Pro Livre), Béatrice Cousin et Marie Potdevin (équipe Enseignes), Fabienne Audinet (LDS), Marine Fobe et Richard Van Overbroeck (Belgique), Nathalie Laroche et Alodie Auderset (Suisse), Mansour Mezher (grand Export)

DISTRIBUTION : Hachette

DROITS FRANCE ET JURIDIQUE : Geoffroy Fauchier-Magnan
DROITS ÉTRANGERS : Sophie Langlais
ACCUEIL ET LIBRAIRIE : Laurence Zarra
ANIMATION : Sophie Quetteville
ENVOIS AUX JOURNALISTES ET LIBRAIRES : Vidal Ruiz Martinez
COMPTABILITÉ ET DROITS D'AUTEUR : Christelle Lemonnier, Camille Breynaert et Christine Blaise
SERVICES GÉNÉRAUX : Isadora Monteiro Dos Reis

La couverture et la bande ont été imprimées chez Déjà Link
à Stains (Seine-Saint-Denis).

Achevé d'imprimer sur les presses de l'imprimerie CPI Bussière
à Saint-Amand-Montrond (Cher) en août 2020.

ISBN : 979-10-375-0075-5
N° d'impression : 2053135
Dépôt légal : octobre 2020